MARIA CARLA DURAND

LA PALUDE DELLA BREXIT

Brexit: Perché? In un mondo già così travagliato...

Sommario

Prima Parte: Scritti settembre-ottobre 2016

Vi parlerò dell'argomento che mi sta tanto a cuore. Non è così semplice, dopo aver riempito pagine e pagine nei mesi di giugno e luglio (in agosto c'è stato effettivamente un "silenzio stampa", non solo mio, riguardo all'argomento): l'uscita del Regno Unito dalla UE, venuta alla luce così all'improvviso (anche se covato con cura da tempo, con la partecipazione delle lobby britanniche e non solo, giochi di politica in cui a Londra la "virtù" della riconoscenza personale ha occupato un posto di rilievo).

Clientelismo da basso impero, quasi. Tant'è che proprio Cameron che ci ha privilegiati con la sua presenza nella Commissione Europea per non breve tempo era un fautore del Remain e la stessa Primo Ministro e attuale inquilina di Downing Street, Theresa May, risulta essere stata sua collaboratrice e aver caldeggiato il Remain.
È un argomento vecchio come il mondo, il clientelismo. Infarcito di corruzione. E accanto il dilagare del populismo, come sta avvenendo in tutta Europa.

E ora eccoci davanti, in piena luce, la nuova First lady: Theresa May.
Volto, fra l'altro, piuttosto avaro di sorrisi, un po' arcigno, "prepotente". Siamo all'ultima riunione del G20 a Hangzhou, è avvenuto l'inflessibile incontro tra Putin e Obama, con sullo sfondo la tristissima storia di Aleppo. La Signora May è tutta impegnata a rassicurare i giapponesi che, causa Brexit,

minacciano seriamente di trasferire altrove le loro fabbriche di automobili.

E poco più in là ecco Frau Angela Merkel, che certo ha accusato il colpo ricevuto dalle elezioni del Meclemburgo-Cispomerania. I soli incredibilmente sorridenti: Erdogan e Putin (quest'ultimo in un certo senso ha portato Erdogan dalla sua parte).

È evidente che ci stiamo costruendo con le nostre mani un mondo che fa paura. Non ultimo l'incertezza nelle elezioni in America, dove lo scontro tra Hillary Clinton e Donald Trump sta diventando sempre più cruento.

Agosto 2016 è stato per l'Italia un mese tragico e tutto il resto è passato in secondo piano: il terremoto in Italia centrale resta sempre nei nostri pensieri unitamente a una politica interna italiana assai precaria e piuttosto oscura. In vista del Referendum. A cui s'aggiunge un debito pubblico davvero notevole (e messo sotto pressione dalle stringenti necessità per la ricostruzione di quei paesi completamente distrutti dal sisma).

Ora a tante preoccupazioni s'aggiunge lo stupore e l'indignazione di cosa è riuscita a fare la Signora May, convincendo Hollande, il presidente della Patria della Liberté, a costruire un muro a Calais, l'ultimo avamposto francese in terraferma dove ci si può imbarcare e comodamente raggiungere in traghetto Dover, questa nuova Inghilterra.

In Francia, non lontano da Calais, c'è già un campo per gli immigrati chiamato la Giungla. Tende e baracche che accolgono 10000 profughi. Da tempo la Francia aveva annunciato di avere propositi (con una semplice barriera) di impedire che questi disperati dessero l'assalto ai traghetti sulla Manica. Ma ora la Signora May, che si fa sempre meno amare, è arrivata a offrire 1,9 milioni di sterline. E Lei che ne dà l'annuncio: sarà costruito un muro invalicabile (?). Un chilometro di lunghezza per 4 metri di altezza. La neofita Theresa May rischia una delusione e per quanto concerne l'antico orgoglio dei nostri cugini d'oltralpe, dove è andato a finire? Hollande si ravveda. Forse è disorientato? In vista delle prossime elezioni questo può favorire una certa Signora Le Pen. Comunque non s'illudano coloro che innalzano questo muro (soprattutto la Signora May) che questi disperati che hanno attraversato il Mediterraneo s'arrendano davanti al crudele, ridicolo Muro (ho letto e vorrei sbagliarmi che tra il 2015 e il 2016 sono circa 10000 gli esseri umani rimasti in fondo a quel grande mare). Anzi, questo aumenterà la disperazione, la forza di questa gente di fronte a tutto. Il terrorismo dove prima non ci sarebbe stato forse mostrerà il suo volto.

Intelligente, astuta e saggia è la Merkel che vive ora un periodo di vicissitudini politiche tra cui le elezioni. Queste riguardavano una piccola regione della ex DDR, da cui fra l'altro la Cancelliera proviene: il Meclemburgo-Cispomerania. A prima vista per molti è un'onta essere arrivati terzi. Superati dagli alleati socialdemocratici della SPD e soprattutto da quelli che rappresentano qualcosa di molto significativo, Alternative für Deutschland (AFD). Questo partito populista e xenofobo, di estrema destra, che invero annovera tra i suoi sostenitori anche molti tedeschi non soddisfatti poiché non vedono aumentare i loro redditi. E saranno questi gli elettori che la Merkel cercherà a buona ragione di recuperare.

Notiamo che la prima affermazione dell'AFD è avvenuta nell'ex Germania Est, il Land meno popolato e più povero del paese.

Fatto non di secondaria importanza è inoltre che la stessa Frauke Petry, guida dell'AFD, si dichiari apertamente di estrema destra (e qui non possiamo dimenticare l'omicidio della deputata pro Remain, Jo Cox, per mano di un nazista o dichiaratosi tale alla vigilia della Brexit) e di quei politici di destra nel governo Cameron che tuttora influiscono sulla politica di questa nuova Gran Bretagna.

Angela Merkel

Frauke Petry, è nota per le sue dichiarate posizioni contro l'Islam. Vuole per esempio bandire i minareti e ritiene che la polizia debba sparare a vista ai clandestini per impedire loro di passare la frontiera. È una trista figura.

La Merkel, che ha alle sue spalle la saggezza e degli anni e della politica attiva, certamente s'affretterà a tranquillizzare i suoi elettori abituali e la popolazione in genere. Il suo motto è rimasto "Wir schaffen das", ce la faremo, il "Yes, we can" del primo Barack Obama.

La pace sociale ed economica mondiale è in un momento pieno di interrogativi e di decisioni. Quindi solo la lungimiranza, la pazienza, la saggezza avranno la meglio.

All'interno di questa cornice, torniamo a volgere l'attenzione alla Gran Bretagna. Forse la Signora Theresa May ha dimenticato che in base al trattato di Lisbona del 2007 in caso d'uscita di uno Stato facente parte della Comunità Europea, dovranno passare almeno 2 anni per compiere tutte le operazioni necessarie. Ora a circa 2 mesi da quello strano e nefasto avvenimento che è stato la Brexit e dopo la proposta del muro di Calais, assistiamo a un'inattesa strategia della May nei rapporti con la Commissione UE di Bruxelles. Strategia non certo legittima e gradita.

La May ha già intavolato ai margini del G20 in Cina discussioni su possibili accordi commerciali bilaterali con Australia, India, Corea del Sud. La confusione creata dalla May è grande e dimostra di non voler conoscere e prendere atto della legislazione in caso di uscita di uno Stato membro dalla Comunità. Ne deriva la sensazione che tutto ciò dimostri quanto sia stata precipitosa e infondata la Brexit e le grandissime complicazioni non solo di breve termine che ne deriveranno.

I tedeschi hanno fatto conoscere il loro disappunto. Il portavoce della Signora Merkel: "Un paese finché è un membro UE non può negoziare tali accordi fuori dalla UE".

Theresa May

In questo periodo anche noi italiani viviamo nel caos politico (vedi Referendum in Italia a dicembre). Inoltre le presidenziali in Francia nel 2017, il ripetersi delle elezioni in Austria (le precedenti sono state dichiarate nulle, fra il Verde e l'Uomo forte di destra), i già citati avvenimenti in Germania, le difficoltà in Spagna. L'intero globo sembra essere preso da una "maledizione", da ansia e disordine.

Le presidenziali in quell'America che ogni 11 settembre piange le sue vittime e rivive la tragedia delle Torri Gemelle ha visto e vedrà i due candidati alla Presidenza scontrarsi duramente. La Clinton, che è indubbiamente la favorita e fronteggerà la figura discutibile dell'avventuriero Trump, è stata colta durante le commemorazioni dell'11 settembre da un grave malore. Si dice polmonite. Hillary Clinton dice che si riprenderà rapidamente, asserzione che ci lascia dubbiosi.
Per noi europei le sorti dell'America sono basilari (forse già a partire da quando Cristoforo Colombo "scoprì" per caso le sue sponde). Quella terra che è fiorita anche grazie ai nostri emigranti, i tantissimi italiani che hanno promosso la Tecnica, l'Arte e la Cultura mettendo forti radici nel continente americano (mi vengono alla mente i tantissimi attori, registi e cantanti d'origine italiana).

Chiunque mi conosca e chiunque leggerà tutto ciò che ho scritto in questi ultimi mesi sa quale passione mi anima, quale sdegno, quale dolore carico di presagi non repentini ma dati da una vita di studi, lavoro ed esperienze. Per un pugno di voti tra Remain and Leave in pochi giorni la Gran Bretagna ci ha voltato le spalle. La Brexit è una calamità. Non per nulla circa due milioni di inglesi hanno subito chiesto un altro referendum (non concesso) e Scozia e Irlanda del Nord (e la piccola Gibilterra) hanno detto chiaramente NO alla Brexit. Tutto questo nella già rovente situazione attuale, con l'avvicendarsi delle azioni terroristiche in Francia e in Germania, la distruzione di Aleppo, il colpo di stato contro Erdogan, l'asse Putin-Assad.

Prima di continuare a parlare sul come risolvere l'assillante problema della Brexit spero ancora nella più logica delle soluzioni che annulli questo avvenimento infausto e foriero di guai. Non è un'utopia infondata. Spinelli esiliato a Ventotene a causa di Mussolini creò con amore, vagheggiò questa Europa (come fece d'altronde anche De Gasperi). E non è un mistero che il nostro degno presidente Mattarella ha visto con manifesto dolore l'avvento della Brexit (per non parlare di Papa Francesco, di Obama e di molti altri uomini e donne del mondo culturale e politico). Ed è proprio il nostro Presidente che in visita di Stato a Sofia lancia un appello carico d'inquietudine "europeista": "L'uscita della Gran Bretagna dalla UE è stata una sorpresa, una scelta di cui personalmente mi rammarico ma come capo di Stato rispetto". È il 13 settembre 2016. Tema dominante che il Presidente Mattarella ha condiviso con il suo omologo bulgaro è la tragica emergenza migratoria. Perché, ha sillabato il Presidente Mattarella, il fenomeno va governato prima che diventi ingovernabile. Ed è certo che in questi momenti la fermezza del nostro Presidente ci ricorda la nobile e tragica figura di suo fratello Piersanti, assassinato dalla mafia durante il mandato di Presidente della Regione Sicilia. Il nostro Presidente è un uomo di polso, noi ci aspettiamo molto da lui.

Il giorno dopo, il 14 settembre, a Strasburgo il presidente lussemburghese della Commissione Europea, Jean Claude Junker, nell'annuale confronto plenario con gli eurodeputati sullo stato dell'Unione, ha esortato i governi a superare le troppe divisioni che paralizzano l'Europa. "Europa in crisi esistenziale".

Si respira tuttavia ancora molta confusione: molti programmi, molte promesse...

L'uscita dall'Europa del Regno Unito ha portato a un rallentamento del processo decisionale in molti campi: task force, controlli alle frontiere, sicurezza contro il terrorismo, l'economia.

E specialmente nel campo economico dove Junker s'è barcamenato persino nelle politiche di bilancio (ricevendo critiche ironiche da Marina Le Pen, d'essere stato per quasi un ventennio l'indiscusso promotore del Lussemburgo come paradiso fiscale). Va bene, acqua passata. Vediamo il PPE filotedesco invocare rigidi vincoli di bilancio mentre i governi del sud Europa come Italia, Francia e Portogallo vorrebbero maggiore flessibilità. Un contrasto di difficile risoluzione e che ci portiamo dietro da tempo. Dice Junker: "Il patto di stabilità non deve diventare un patto di flessibilità".

Due giorni dopo, il 16 settembre, ci giunge una triste novella non solo per noi ma per l'Europa intera, la morte del nostro Presidente Carlo Azeglio Ciampi (ricoprì questo ruolo dal 1999 al 2006, sostituito da Napolitano e quindi da Mattarella). Aveva 95 anni. E fu una personalità amatissima sia in campo nazionale che europeo. Possiamo dire che fu un europeo convinto. È stato detto che fosse troppo malato negli ultimi tempi per poter percepire il dramma dell'Europa in seguito all'uscita del Regno Unito. Il 19 settembre si sono tenuti a Roma i solenni funerali ed è seguito il lutto nazionale. Si parlerà ancora a lungo dell'On. Ciampi che molto s'è prodigato nel bene e nelle sventure del suo paese e del mondo. Ottimi i suoi rapporti con il santo papa Woytila e con la Regina Elisabetta d'Inghilterra. La regina. Ora la regina Elisabetta, lo diciamo con rispetto, è realmente troppo attempata per potere ancora avere un peso attivo nelle decisioni politiche del suo paese. Un paese ormai in mano alle lobby, molte dell'ultima ora, in gran parte d'estrazione Tory come il discutibile ministro degli Esteri Johnson.

Lasciando per ora la vita e morte dell'On. Ciampi e tornando all'incontro di Bratislava fra i restanti 27 membri della UE, sono emersi i prossimi programmi della Commissione. Tutte proposte, anche se interessanti, che dovranno essere ulteriormente studiate e approfondite. L'atteggiamento di scontro del Premier italiano ci lascia davvero stupiti.
"Se Francia e Germania vanno d'accordo su alcune questioni sono felice per loro. Io non sono soddisfatto delle soluzioni su politica economica e su migranti, non posso fare una conferenza stampa con loro. Non faccio una recita a copione per far credere che siamo tutti d'accordo".
Renzi aveva ricevuto recentemente una dichiarazione di amicizia niente di meno che dalla Merkel.

La Merkel, non lo si può negare, quale capo di Stato di un paese del peso e delle potenzialità delle Germania, si può dire che "troneggia" in Europa a prescindere delle attuali ombre proiettate dalla giovane Frauke Petry, populista e xenofoba, che la Signora Merkel fronteggia con calma e gravità. È forse una frase banale: la Signora Merkel può certo subire attacchi ma sa il fatto suo. Per puro caso, ultimamente sul canale 4 di Mediaset ho visto con molto piacere un servizio sulla vita di Angela Merkel. Chiaramente non erano assenti intenti puramente propagandistici. Tuttavia questa allora giovane e magrolina persona, piena di entusiasmo nella sua battaglia politica, irraggiava un senso di vera simpatia e allegria.

Le dichiarazioni del Premier Renzi mi hanno lasciato, come si suole dire, di sasso. Siamo alle porte di un referendum pieno di interrogativi, siamo malamente indebitati, il nostro sistema bancario è in gravi difficoltà e interi paesi sono stati distrutti dai terremoti e aspettano di essere ricostruiti. E sullo sfondo una serie di avvenimenti macroeconomici e macro-politici che caratterizzano negativamente questo momento storico.
Io, Maria Carla Durand, sono italiana e felice di esserlo. Le mie origini s'allacciano anche alla Francia. Amo e ho visitato l'Inghilterra e Berlino. Amo l'Europa. E qui voglio dire due parole molto tristi e dure: io mi vergogno dell'on. Matteo Renzi. Cosa ha osato dire? "Io non voglio essere la foglia di fico sui problemi...altrui". Ma lo so quale era il posto su cui si metteva la foglia di fico nelle statue dei tempi andati.

"Questo nostro futuro" dice Alec Ross, consigliere di Hillary Clinton "basato su robotica, genetica, web, denaro virtuale e big data, avrà un impatto enorme sulla classe media europea e americana". Anzi è già accaduto e procede, altrimenti non si spiegherebbe la sorpresa Brexit, la tenuta della Movimento Cinque Stelle in Italia, l'ascesa della destra tedesca e infine il fenomeno Trump. Diciamolo: è il successo del mediocre.

Il forte aumento dell'ondata populista che attraversa l'Occidente, la destra che avanza, sta facendo in tal modo passare la "soluzione a tutti i mali" nelle mani dei mediocri, dall'emigrazione al terrorismo.

Sostiene Trump, con la gravità del suo linguaggio: "costruiamo un muro con il Messico e glielo facciamo pagare a loro", "la Nato se la pagheranno gli europei", e così via.

In Europa vediamo che il fronte simil-Trump (Dio ci liberi!) è in forte ascesa, come detto per palesi colpe di una classe politica senza idee, coraggio, progetti. Questa promette, minaccia, senza una prospettiva se non la propria personale.

È vero che attualmente ci sono forti interessi elettorali in campo, come avviene negli Stati Uniti e come sarà per Renzi con il suo Referendum. Hollande, anche se lui stesso dovrà affrontare le elezioni, appare meno stravolto. La Merkel, benché l'estrema destra sia avanzata negli ultimi dati, ha alle spalle un paese ricco e forte, non sarà abbandonata. È un momento difficile, sarà superato. Quello che è chiaro è che una vittoria di Trump avrebbe ripercussioni indiscutibili sul Regno Unito e naturalmente sull'Europa.

Dimentichiamo tutto in onore del Presidente Ciampi. Durante i suoi funerali l'attuale Presidente Mattarella ha detto: "un esempio di competenza, di dedizione, di generosità, di passione. Gli italiani non lo dimenticheranno". Vogliamo qui ricordare che nell'arco del suo mandato come capo del governo avviò uno dei più grandi e ambiziosi programmi di privatizzazioni finora attuati in Europa. Lo stesso accadde con la decisione di entrare nell'unione monetaria. Ciampi fu inflessibile riguardo all'ingresso nell'Euro (che ora una nefasta minoranza vorrebbe annullare tornando alle varie monete nazionali...quale follia!). Se non fosse stato inflessibile forse nell'Euro non ci saremmo mai entrati. Era un grande uomo, forte delle sue convinzioni. La moneta unica europea ebbe vita come unità di conto virtuale il primo gennaio 1999 e il primo gennaio 2002 sotto forma di denaro contante. L'attuale governatore delle BCE, Mario Draghi, lo ricorda con rimpianto, come uno dei costruttori dell'Europa, che volle la BCE indipendente come lo era la Banca D'Italia,

Lo stesso attuale Presidente della Commissione Europea, Jean Claude Junker: "Perdiamo un grande italiano, un grande europeo, un esempio d'integrità morale, passione civile, impegno politico".

Ora, per dovere di cronaca, torniamo all'atteggiamento "spiacevole" del On. Matteo Renzi verso Angela Merkel. La Signora Merkel indubbiamente ha deciso di non sopravvalutare l'atteggiamento italiano. La Merkel è una politica "materna". *Der Spiegel* l'ha confrontata a Maria Teresa di Calcutta, santificandola in una sua copertina. Effettivamente verso gli emigrati ha avuto atteggiamenti talvolta affettuosi, indubbiamente spontanei, anche se è ben conscia del problema migratorio. Che Renzi respinge, rimanda. È la nostra magnifica Guardia Costiera che salva decine e decine di migliaia di anime.

Dell'irritazione del giovane premier italiano Hollande e la Merkel non hanno voluto tenerne conto.

Riguardo la critica al surplus commerciale della Germania, si ribadisce il punto che non si può chiedere alle imprese tedesche di essere meno competitive e che ci sarà presto in essere un piano di riduzione delle tasse e di aumento dei salari. A Bratislava s'è definita una mappa dei lavori. Le politiche dovranno essere definitivamente delineate in occasione delle celebrazioni dei 60 anni dal trattato di Roma. Allo stesso tempo si dovrà trovare un accordo sui profughi. Invece per quanto riguarda l'Austerity, la Cancelliera è convinta d'aver salvato l'Europa, salvando gli stessi paesi che l'hanno applicata.

Renzi, al contrario, sostiene che la cura tedesca non abbia funzionato. Per Roma Austerity non corrisponde a Stabilità. Renzi non sembra temere la rotta di collisione e nonostante ciò la Cancelliera non cerca lo scontro. Eppure Renzi forse dimentica quali siano le urgenze e come l'Italia sia sempre a rischio di riavvicinarsi all'orlo di una recessione: in tal caso servirebbe una copertura del bilancio pubblico ben più sostanziosa di quanto egli stesso avesse promesso a Bruxelles solo pochi mesi fa.

Renzi e la Merkel non hanno mai parlato veramente degli stessi problemi. Come quando in un vertice europeo il nostro premier aveva sorpreso tutti con una lunga tirata contro la Germania, sul suo eccessivo risparmio, sul progetto di un gasdotto tra la Russia e il Meclemburgo, sulle politiche migratorie. Addirittura: "Angela non dirci che donate il sangue all'Europa!"

Angela Merkel, come è nel suo stile, non s'era molto scomposta, anzi, lo aveva invitato a una consultazione fissa prima d'ogni Consiglio Europeo. Si dice che allora il sorriso della Cancelliera fosse stato così illeggibile che Renzi si sentì trattato come il cugino di campagna. Un giovanotto da tenere tranquillo. Già. Come quando appena dopo lo schioccare della Brexit emerse un nuovo equivoco tra i due: l'Italia che mette fretta e vota perché sia la Commissione Europea a occuparsi dell'uscita di Londra. La Germania invece propone di avocare la questione ai governi europei. Contrariamente alle sollecitazioni della Signora May che astutamente insiste per affrettare l'applicazione definitiva della Brexit. La Merkel rimanda la data a dopo la soluzione di quei problemi che hanno una maggiore priorità. Cioè al 2017.

Renzi

Anche nell'incontro negli Stati Uniti organizzato dal Segretario delle Nazioni Unite Ban Ki-Moon, Renzi ha continuato a incolpare esageratamente d'inerzia l'Europa lanciando nuovamente un attacco alla Germania. "Faremo da soli". Beh, ripete sempre la stessa cosa, mi sembra che stia pensando al suo vacillante Referendum. La Merkel dopo la recente batosta elettorale ha già fatto il suo mea culpa e ha difeso a oltranza, salvo rivedere con più attenzione il problema, la sua politica verso i profughi. Ridefinendola in modo più corretto: "Voglio però sforzarmi di spiegarla con più energia".

Eppure nonostante tutto la Signora Merkel continua ad appoggiare lealmente la battaglia politica del poco riconoscente premier Italiano. Per non parlare dell'ultima trovata di Renzi: non appena la Guardia costiera, che tutti tanto ammiriamo, è riuscita a ritrovare il barcone che mesi fa tragicamente affondò nel Mediterraneo portando sul fondo del mare 700 migranti, Renzi ne ha fatto un macabro trofeo dell'abile politica italiana.

Io avevo sofferto, e tantissimi con me, alla scoperta di quella tomba di povere creature, ma l'ho riposto nel fondo del mio cuore e del ricordo.

Una bomba a New York: 29 feriti. Giustamente il sindaco Bill de Blasio e il governatore Cuomo cercano di non affrettarsi a facili conclusioni collegando il fatto al terrorismo.

Altro episodio di violenza, in Minnesota, un somalo ferisce 8 persone in un centro commerciale. 28 anni, grida "Allah è il più grande". Un poliziotto fuori servizio lo uccide. E da questi fatti le conseguenze elettorali. Trump urla e spinge per interventi radicali. La Clinton, più saggia e con esperienza politica, invita alla prudenza.

Tornando all'Europa vogliamo ora parlare dell'ultimo misfatto in seno alla UE: 1,9 milioni di sterline dati dalla Gran Bretagna per il già citato muro di Calais, azione incosciente per le conseguenze che ne deriveranno. Potranno solo scaturirne atti di terrorismo e rivalsa. E soprattutto, tutti quei soldi non potevano essere utilizzati altrimenti? Magari per il bene dei migranti? Non c'è saggezza, solo sfoggio di maniere forti.

Così la violenza e la follia dilagano. E anche Obama, pur senza mai citarlo, ha ammonito Trump. "Una nazione che pensa di proteggersi costruendo muri tutto intorno non fa altro che imprigionare sé stessa. Non ci può essere progresso dove si pensa di potere preservare la propria identità con l'oppressione e la chiusura". E conclude con forza "Viviamo in un mondo troppo piccolo per pensare di proteggersi con un muro". Obama, pur con i suoi limiti umani, è stato un buon presidente, accettiamolo. Non voglio essere insistente, ma sono una cattolica. Chiedete al grande Francesco, nostro Papa, cosa ne pensa sull'argomento. La sua accorata risposta sarà "Non muri ma ponti, amore e misericordia". Oltre alla sua dimensione religiosa, è un ottimo politico con tanta esperienza e lungimiranza. Ascoltiamolo.

Obama e il Papa

E riguardo all'argomento "muro", qualunque esso sia, un muro contro chi? La maggior parte dei terroristi che hanno agito erano nati in Europa, immigrati di prima o seconda generazione. Qui hanno studiato, di figli dell'Islam ce n'è già un gran numero in Gran Bretagna. Se gli si costruisce un muro certamente si sveglieranno sentimenti ancora latenti e i jihadisti troveranno comunque il modo di comunicare tra di loro. Non s'è mai visto muro più inutile!

Intanto i volontari in Siria continuano a morire sotto le bombe (solo il 21 settembre ne sono morti 40 sotto le bombe di cui i russi continuano a negare la paternità). L'ONU ferma gli aiuti dopo la strage. Restano i Caschi Bianchi. Il contrasto è evidente con la volontà della Signora May di costruisce muri dimenticato in un paio di mesi i valori dell'Europa (e indebolendola così anche militarmente). Anche l'On. Laura Boldrini, presidente della Camera dei Deputati, ha promosso un sondaggio in cui si vede come 8 italiani su 10 vedono l'Europa unita come un veicolo per la pace e la stabilità, per la circolazione e sicurezza delle persone, per gli scambi culturali (vedi progetto Erasmus). E l'importanza della moneta unica. Si noti però come sia la fascia della popolazione over 50 a dare maggior importanza alla stabilità in ambito UE. Gli over 50 vogliono anche una politica estera europea di consolidamento e difesa più forte. Le donne: Clinton, Merkel, Boldrini...

Mi sembrerebbe di tacciare d'ingenuità chi mi segue se cercassi di nascondere come io disapprovi con tutte le mie forze, con la mia lunga esperienza di vita e di lavoro in seno al Mercato Comune, l'arrivo in Europa della Brexit. E nei giorni che seguirono il 23 giugno furono moltissime le voci di peso che s'alzarono contro questa decisione. Poi spesso il tempo porta con sé la sua dose di rassegnazione. Ma non deve essere così. E certamente c'è chi non è disinteressato al perdersi e disgregarsi dell'antica Europa. Come sicuramente Trump, figura discutibile e nociva e, ahimè, in corsa per guidare la nazione più potente del pianeta.

L'insuccesso del vertice di Bratislava lo scorso settembre, il primo dopo la Brexit a riunire i capi di stato dei rimanenti 27 paesi. Non sono bastate le buone intenzioni di Junker, le proposte per una maggiore collaborazione tra i membri della UE e una nuova Europa sono state rinviate a marzo 2017 in concomitanza con l'anniversario del trattato di Roma.

Mario Draghi, in una lezione tenuta negli stessi giorni in occasione del Premio De Gasperi, ha richiamato la visione del grande statista, tra i padri fondatori più lungimiranti nel tessere il processo d'integrazione europeo, con la sua nota capacità di coniugare efficacia e legittimazione per la realizzazione dei nostri obiettivi più immediati. "Un politico guarda alle prossime elezioni. Uno statista alla prossima generazione".

E allora le aspirazioni in fatto di crescita, di libertà, di diritti furono tali da motivare il più ampio consenso per la scelta comunitaria.

Prima di parlare delle recenti dichiarazioni del ministro degli esteri inglese, l'on. Johnson, è interessante soffermarsi su un'osservazione di Marius Carol, giornalista catalano di *La Vanguardia*: "Nel nostro continente la paura è diventata un sentimento dominante. Paura degli immigrati (muro), paura per la crisi economica (superabile), paura del domani".

Il giornalista conclude con un'affermazione davvero inquietante perché vera: "La paura che attanaglia l'Europa è figlia dell'ignoranza, alimentata da chi vuole specularci sopra".

Con queste premesse ritorniamo all'On. Johnson, recentemente in visita in Italia a Firenze. Ha annunciato che la Gran Bretagna intende avviare tutte le procedure per concretizzare la Brexit. Nei primi mesi del 2017. "Non credo serviranno due anni pieni, staremo a vedere". Johnson dice che è "del tutto sciocco" che l'accesso al Mercato Unico sia legato al principio della libertà di movimento delle persone. "Le due cose non hanno niente a che vedere l'una con l'altra. Potremmo continuare con un accordo di libero scambio e allo stesso tempo controllare la nostra politica sui migranti".

È il momento non solo della paura, ma anche di un gran disordine. Italia, Francia, Germania e altri paesi dell'UE sono in un periodo pre-elettorale e questo confonde e ritarda ogni tipo d'accordo. Per non dimenticare le elezioni americane che sono state l'assillante leitmotiv di questo autunno di sorprese.

Boris Johnson

Fra i molti problemi che affliggono la Gran Bretagna a causa di quel fatidico 23 giugno, è bene nuovamente ricordare che solo il 37% degli aventi diritto al voto s'è espresso per il Leave. Su più di 44 milioni di elettori 12 milioni non sono andati alle urne e invero, subito dopo il voto, consci della possibilità di qualche broglio e dell'esito nefasto del voto, hanno richiesto di rivotare. Altri 15 milioni hanno votato per il Remain. Il successo del fronte Brexit ha immediatamente dato il via a un continuo alternarsi dei ruoli tra gli uomini politici della destra, come le dimissioni di Cameron e Farage o la guerra tra Michael Gove e Boris Johnson, arrivando in extremis alla nomina a Primo Ministro della May. La quale era stata con Cameron favorevole al Remain!

Diciamolo, è stata una decisione all'insegna della confusione. E cosa dire della Scozia, dell'Irlanda del Nord e della piccola Gibilterra? Cosa succederà agli accordi di pace del 1998 in Irlanda del Nord costruiti sulla possibilità per gli irlandesi di muoversi liberamente tra il Nord e il Sud dell'isola? E a Gibilterra, che improvvisamente si ritroverà separata dalla penisola iberica mettendo in forte difficoltà un'economia basata sui frontalieri? E tutti gli altri frutti acerbi, come la svalutazione della sterlina e la prospettiva dell'isolamento politico della Gran Bretagna. Perché si sa, l'unione ha sempre fatto la forza. Non per nulla c'è chi ha dichiarato "Ora gli inglesi hanno deciso di farsi saltare in aria". E non è poco.

Un appunto su questa ultima osservazione. Con l'uscita dalla UE, 27 milioni di elettori saranno privati della cittadinanza europea. Ovvia conseguenza. Corrispettivamente più di 3 milioni di cittadini UE che risiedono nel Regno Unito perdono i diritti connessi al loro passaporto color porpora: accesso al mercato del lavoro, al welfare, all'esercizio del commercio e di professioni e così via. Si tratta di una sottrazione di diritti di proporzioni storicamente inedite. Annullare il pacchetto di diritti incorporati nel passaporto UE non è cosa irrilevante. Il vulnus che la Brexit rischia di provocare è connesso al fatto che la cittadinanza europea è di second'ordine, s'aggiunge alla cittadinanza nazionale. Nel trattato di Maastricht del 1992 questa opzione non era neppure immaginata. L'ha introdotta il trattato di Lisbona senza però occuparsi delle implicazioni, anch'esse allora inimmaginabili.

Intanto nella quotidianità della politica italiana non mancano i problemi. Il nostro Presidente del Consiglio Renzi fa veramente i capricci. Non è il momento. Aiuti ai terremotati sono giunti generosamente da tutto il paese (gli italiani sono sempre generosi in queste occasioni) e da altri parti del mondo. S'auspicherebbe tuttavia un intervento europeo più consistente e concertato. Purtroppo in Italia lo scontro tra Sì o i No al Referendum costituzionale ha scombussolato le priorità e le urgenze. Il terremoto intanto segue il suo corso e non dà tregua.

L'atteggiamento di Renzi verso l'Europa ha provocato purtroppo una rottura profonda. Dopo le critiche italiane su crescita e immigrazione al vertice UE di Bratislava di settembre, irragionevoli e innanzi tempo, la Merkel e Hollande si sono momentaneamente chiusi con il Premier. Il 28 settembre c'è stato a Berlino un importante incontro a livello europeo tra la Merkel, Hollande e Junker. Senza Renzi.

Inoltre ha avuto luogo la riunione del *European Round Table of Industrialists* (ERT) che dal 1983 mette insieme i capi delle maggiori aziende europee.
Al centro dell'evento c'è stata l'Agenda Digitale, ambizioso progetto che punta a unificare il mercato europeo e a creare una Silicon Valley europea. Merkel e Hollande hanno caldeggiato una rapida riforma delle regole di concorrenza comunitarie nel settore delle telecomunicazioni e dell'IT. "Un passo fondamentale per il completamento del mercato digitale interno dell'Ue". All'evento era presente anche Günther Hermann Oettinger, commissario europeo della Germania a cui è affidato il portafoglio per l'economia e le

società digitali. Come detto la ERT fu creata nel 1983, frutto dell'iniziativa di due storici commissari europei, il visconte belga Étienne Davignon e il francese François Xavier Ortoli, e dalla partecipazione di un gruppo di imprenditori a forte vocazione europeista, fra i quali Umberto Agnelli. Da allora la ERT s'è riunita con cadenza annuale. Ultimamente ci sono stati due incontri, nel giugno 2015 a Berlino e nell'ottobre dello stesso anno a Parigi. Quello del 28 settembre è il terzo. Ha partecipato il Gotha dell'industria europea, compresi alcuni italiani come Vittorio Colao, John Elkann, Carlo Bozotti, Rodolfo De Benedetti e Claudio Descalzi. Non sono stati discussi temi politici ma è forte il dubbio che da parte di Renzi ci sia una certa tentazione a fare da soli e a non coinvolgere il resto dell'Europa nelle decisioni comuni. E questa non è veramente la strada maestra per il nostro modo di stare in Europa.

Anzi. Dopo la "foglia di fico" il frasario dell'On. Renzi non finisce di stupire. "Io non dico che faccio quello che cavolo voglio, ci mancherebbe altro". È indubbio che lo stress e l'impegno del Referendum lo abbiano provato. Diamogli tempo. Vediamo ciò che di positivo c'è in lui. Merkel e Hollande, anch'essi provati dalle ombre elettorali, dimostrano ben altro controllo. Ma ripeto c'è tanto disordine, tanti punti interrogativi.

Volgiamo ora la nostra attenzione agli USA alla fine di una guerra senza quartiere tra la Clinton e Trump. Al dito puntato dall'Intelligence americana contro Putin nel timore di azioni di hackeraggio contro Yahoo! e la Casa Bianca. E la paura dei democratici che venissero fuori nuove email imbarazzanti per

Hillary Clinton e Obama. E le indagini del FBI su Carter Page, uomo d'affari vicino a Trump e ad ambienti ufficiali russi.

Già in occasione della Brexit s'erano appurati strani movimenti dei servizi segreti russi. Rimane l'interrogativo se Putin abbia voluto influenzare le presidenziali americane sostenendo Trump. Lo stesso Obama ha accusato Putin di volere usare la forza in senso lato per la conquista del potere.

Hillary Clinton e Donald Trump

In attesa degli sviluppi politico-elettorali in Italia (e a breve in Francia, Austria e in una certa misura anche in Germania dove tuttavia le previsioni danno per certa la conferma della Merkel nel suo posto di Cancelliera), ci interessa dare uno sguardo d'insieme alla situazione in Gran Bretagna. Effettivamente, passati quasi sei mesi dal referendum sulla Brexit, il mondo non è crollato. Si va però verso anni incerti, dicono molti esperti guardando con obiettività alla situazione attuale. Lo choc sull'economia britannica effettivamente c'è stato, ma non è stato così significativo fino ad ora. Però l'OCSE prevede che le conseguenze della Brexit si faranno sentire nei mesi a venire. Ritiene che il paese potrebbe crescere meno dell'1% mentre negli anni passati i tassi di crescita erano stati decisamente più sostenuti (3,1% nel 2014 e 2,2% nel 2015). Effettivamente il referendum ha creato degli sconquassi, la sterlina ha perso terreno con tutte le conseguenze del caso. Riguardo alle fughe d'investimenti, si sono verificate solo in parte. La Borsa è invece salita mentre i prezzi degli immobili sono scesi (le richieste d'acquisto da parte di cittadini britannici sono diminuite). Purtroppo rimane una situazione di sole ipotesi che si nutre dell'attesa del se e quando verrà invocato l'articolo 50 del Trattato di Lisbona.

C'è una considerazione di indubbio interesse da fare: molti paesi sperano di potere sfruttare questo momento d'incertezza economica e appropriarsi del business finanziario di Londra. Pronti a scendere in campo: Milano, Parigi, Amsterdam, Francoforte, e Varsavia. Gli europeisti, che sono ancora numerosi, sono sicuri che non si debba comunque rinunciare a quella piattaforma finanziaria che è la City, irriproducibile a spezzoni sul continente.

Il post-Brexit comincia a chiedere un prezzo troppo alto. In questo contesto i britannici pur avendo deciso di lasciare l'Unione Europea si rendono conto del valore immenso di quest'ultima in un momento di crisi mondiale, tra Stati Uniti, Cina, Russia, Corea del Nord, Africa e terrorismo. Adesso il governo inglese è diviso su tempi e modi d'uscita. Insomma andarsene è complicato, l'esito è incerto. Mentre il binomio Merkel/Hollande è forte, la Germania e la Francia hanno un vincolo storico che le accomuna, l'Italia immersa nell'atmosfera pre-elettorale sta procurando sorprese. Che stupisce e divide gli italiani stessi. Così vediamo governanti bisticciare (Merkel e Renzi) e gli organi comuni perdere smalto. Le difficoltà ad agire e il malcontento inaspriscono le divisioni. S'addossano all'attuale UE colpe inesistenti e se ne rinvia la soluzione, mossi da scontenti politici interni e da quel famoso populismo, la forza dei mediocri. E dire che l'Italia è sempre stata terra di geni e gli artisti e tutt'ora abbiamo tantissime eccellenze scientifiche di livello mondiale che svolgono il loro lavoro in condizioni, possiamo dirlo, ormai "eroiche".

Siamo ancora in presenza di una comunità scientifica vivissima e attiva, che resiste alla cosiddetta "fuga dei cervelli". Restano però le minacce di un futuro in cui si vedrà una drastica riduzione delle posizioni lavorative nell'ambito dei lavori "tradizionali", con l'attuale non competitività delle retribuzioni e gli scarsissimi investimenti nel mondo universitario e scientifico.

Non è necessaria una mente come Leonardo da Vinci per comprendere il danno che sta procurando l'isolamento auspicato dal nostro Presidente del Consiglio e la necessità evidente che l'Europa faccia un atto di coscienza (e intelligenza) e si ricomponga la frattura provocata dalla Brexit. Ne guadagneranno tutti: dai problemi immensi della collocazione e finanziamento dei migranti (non serve il muro di Calais) a tutti i problemi cervellotici che si presenteranno da qui ai primi mesi del 2017.

Ci mancavano in aggiunta i fautori dell'eliminazione dell'Euro! Dobbiamo essere uniti e forti contro il terrorismo, un Continente può fare ben di più di un coacervo di Stati divisi! Lapalissiano. Abbiamo una persona valida come Draghi, presidente della Bce, e io giungo a vedere il nostro presidente Mattarella come il più adatto a discutere per conto dell'Italia con Hollande e la Merkel.

Mario Draghi

Abbiamo assistito a un monstrum e siamo costretti a seguire con angoscia la lotta senza quartiere tra Trump e Hillary Clinton del cui esito noi europei dovremmo avere timore. Per non parlare di Putin sempre più minaccioso e non poco ambiguo. Questo è quanto di assurdo sta succedendo in Italia e nel mondo: confusione, distruzione, minacce. Ma io voglio costruire, non distruggere. Spero appaia ben chiaro in quanto ho scritto fin qui.

Ora l'onorevole Renzi vuole rilanciare il programma di costruire il ponte sullo stretto di Messina la cui storia è tutta una follia di programmi e disdette. "Il Ponte sullo Stretto di Messina può creare centomila posti di lavoro". Tutto per un'opera che non serve e, non vorrei essere ironica, la Sicilia è splendida ma unirla meglio alla Calabria mi sembra un invito alla mafia. La stessa onorevole Boldrini è assolutamente contraria.

Abbiamo invece bisogno di questi soldi per tutti i migranti, per i danni provocati dal terremoto, per i poveri (in Italia la povertà nel 2016 secondo l'Istat è aumentata paurosamente). Quanta amarezza, quanta stupidità! Per ora non ci resta che aspettare e sperare...

Ho sotto i miei occhi un'intervista al Corriere della Sera dell'ingegnere Carlo De Benedetti, uomo che ho sempre giudicato, con pregi e difetti, di grande intelligenza, conoscenze internazionali, un carattere talvolta forse un po' tendente al pessimismo. Secondo lui l'Occidente si trova a una svolta storica in cui è in gioco la sopravvivenza della democrazia, a causa della situazione economica e finanziaria: siamo alla vigilia di una nuova grande crisi economica che aggraverà il pericolo della fine delle democrazie come noi le abbiamo conosciute. Giustamente lui vede nella vittoria di Trump una tragedia per tutto il mondo occidentale: il protezionismo americano aggraverà la nostra crisi.

Secondo il suo parere in Italia (come confermano i sondaggi) i 5 stelle oggi potrebbero vincere le elezioni, essi sono un partito indubbiamente populista e non stupirebbe se avessero la meglio con la forma di maggioritario attuale. La vittoria spetterà a chi se l'è costruita.

Vediamo che l'unico paese che continua a crescere è la Cina che compra 70 km di coste in Cambogia per fare il più grande porto al mondo, costruisce la ferrovia da Suzhou a Varsavia, la nuova via della seta verso l'Occidente. Una vera svolta epocale. Inoltre dal primo ottobre la banconota con la faccia di Mao su tutti i tagli da 1 a 100 entra nel paniere mondiale delle valute del *Fondo Monetario Internazionale* con "diritti speciali di prelievo" (I diritti speciali di prelievo sono l'unità di conto del FMI e il loro valore è ricavato da un paniere di valute nazionali). E vorrà dire che lo yuan verrà affiancata a dollaro americano, sterlina britannica, yen giapponese ed euro come valuta di riserva usata dal Fondo Monetario Internazionale per sostenere la liquidità globale.

Il futuro sembra essere in mano alle donne. E qui riporto alcuni nomi di donne emblematiche a sostegno del mio assioma: dalla regina di Giordania Rania, ambasciatrice di pace e carità, alle nostre atlete di Rio (e anche quelle splendidamente vincitrici di medaglie d'oro alle Paralimpiadi). O la prima scalatrice saudita, Raha Moharrak, 30 anni, che ha scalato sei delle 7 cime più alte del mondo. E per noi italiani l'indimenticabile avventura extraterrestre di Samantha Cristoforetti e il suo record di permanenza nello spazio.

Rifiutare l'edificio europeo che abbiamo costruito mina alla base il contratto democratico con la rappresentanza politica stabilito nel nostro mondo libero a partire dal secondo dopoguerra. La questione di fondo è sempre la stessa: le forze antisistema possono essere ridimensionate solo se si sciolgono veramente con un gigantesco e disinteressato sforzo comune tutti i nodi che le hanno generate. La Storia ci ricorda catastrofi percepite troppo tardi nelle loro realtà.

Ora apro una breve parentesi non prevista ma mi ha colpito così vividamente benché così lontana nel tempo. Come un flash. Forse avrò avuto 5 anni tuttavia è così attuale e significativa! Quando mio padre lavorava come ingegnere a Pinerolo alla Talco Grafite in Val Chisone, avevamo una villetta con un allegro e curato giardino a cui sono legati molti giocondi ricordi della mia infanzia e del mio amatissimo padre.
Non ricordo l'anno, comunque erano i primi anni 40, era forse Natale. Mio padre con il suo grande cuore stroncato nel 1961 da un infarto ospitò, assegnando loro il nostro salotto,

due ufficiali tedeschi e diede loro una padella con cui si potessero cucinare per le festività un pollo.

Mi colpì, benché piccina, l'educazione, la paura di portare disturbo, la grande tristezza di questi due ufficiali.

Successivamente, non saprei dire quando, forse era estate, arrivarono spensierati soldati scozzesi con le loro sottane pieghettate, le cornamuse, la loro gentile allegria.

S'insediarono in giardino, dove si lavavano con catinelle di fortuna, cantavano e talvolta bevevano whisky. Con me che ero una bella bimba bionda e paffutella e dovevo ricordare loro i figlioletti lontani, erano amabilissimi e prodighi di tavolette di cioccolata. Vincitori e vinti. Non posso scordare.

Il 21 ottobre 1942 dopo la prima vittoria britannica a El Alamein, Churchill scrisse al suo Foreign Secretary, Anthony Eden: "Difficile dirlo ora, ma se guardo il futuro vedo gli Stati Uniti d'Europa, nei quali le barriere tra le nazioni saranno grandemente minimizzate e sarà possibile viaggiare senza alcuna restrizione".

Nel suo famoso discorso di Zurigo del 1946, Churchill disse, "Dobbiamo costruire gli Stati Uniti d'Europa. La struttura degli Stati Uniti d'Europa, se ben costruita, sarà tale da rendere la forza materiale di un singolo Stato meno importante. Se all'inizio non tutti gli Stati europei saranno in grado o vorranno unirsi all'Unione, dobbiamo comunque procedere con quelli che vorranno e potranno".

Alla Albert Hall di Londra, nel maggio 1947, solo pochi mesi dopo il suo discorso di Zurigo, Churchill parlò come Presidente e Fondatore del *United Europe Movement* per presentare l'idea di un'Europa unita nella quale "il nostro Paese giocherà un ruolo decisivo".

Churchill disse che Gran Bretagna e Francia dovessero essere i fondatori di questo movimento e concluse: "La Gran Bretagna dovrà giocare la sua piena parte come membro della famiglia europea".

Nel maggio 1948 Churchill in occasione del discorso d'apertura al Congresso d'Europa in Olanda (L'Aia) disse che "la spinta verso un'Europa unita doveva essere generata dalle persone, non dai partiti".

Churchill, che propose anche una Carta Europea e una Corte dei Diritti Umani aggiunse: "Noi puntiamo alla partecipazione di tutte le persone del continente i cui valori sono in accordo con la Carta dei diritti umani". E disse: "Non possiamo puntare a nulla se non a una completa unione dell'Europa e guardiamo avanti con fiducia al giorno che questa unione sarà costituita".

I ricordi continuano. Mi ritrovo circa vent'anni dopo ad accompagnare mia madre a Berlino, nello stesso periodo in cui in una notte fu eretto il muro tra la parte ovest e quella est (che non durò fortunatamente a lungo). Visitai e ammirai quella bella città, la nuova generazione bionda, educata, decisa. Una grande metropoli, un bel popolo. Questo ultimo ricordo mi ha portato di nuovo a una conclusione: ma non ci è bastata la seconda guerra mondiale, i bombardamenti terribili su Londra, la Germania e quelli che hanno ferito l'Italia? Avete appena finito di tirare su nuovi edifici, siete infine riusciti a concepire un continente europeo unito e ora per un pugno di persone che s'inventano la Brexit (e spingono con gli spettri della paura il loro popolo a votarla) volete distruggere tutto?

Vergogna! Voi farete piangere di nuovo i vostri figli. Forse è proprio così. Oggi è una data importante e nefasta, il 2 ottobre

2016: la signora Theresa s'è espressa con la durezza e la certezza lapidaria che già aveva mostrato al primo incontro con le istituzioni europee. Vuole diventare Primo Ministro di un paese veramente sovrano e preferisce un'uscita secca e dura dal Mercato Comune. È anche un messaggio chiaro per noi europei: Londra è pronta a rinunciare a un atteggiamento morbido pur di salvaguardare le sue prerogative di Stato sovrano. C'è però il timore che i governi della UE possano fare muro di fronte alle richieste britanniche anche perché i negoziati sulla Brexit s'incroceranno con le campagne elettorali in Italia, Francia e Germania e decideremo noi come controllare l'immigrazione, decideremo noi in quali leggi inquadrarla. Presuntuosa e fair play poco british. Ridicola. E certamente il tutto è anche prematuro. La May parla dei primi mesi del 2017, forse marzo. Vediamo però che anche in Gran Bretagna l'opposizione all'uscita dall'UE resta forte e così anche in Scozia. Le certezze della May suscitano qualche scettiscismo e stupore. Farà infatti in modo che sia presentata una legge d'abrogazione che eliminerà una volta per tutte le leggi europee. Le leggi torneranno a essere fatte a Westminster e non più a Bruxelles. Il suo atteggiamento parla da solo.

Sì, l'atteggiamento della May parla da solo. Comunque consideriamo un fatto alla volta. La signora Angela Merkel, il presidente Hollande, il nostro Matteo Renzi, passato il periodo del referendum italiano ai primi di dicembre, cosa ne diranno? Da parte mia trovo il comportamento della signora May controproducente in tutti i sensi e le sue certezze invero molto premature. La signora Merkel, lo ripeto, è parere della maggioranza degli analisti, comunque vadano le elezioni manterrà la sua posizione attuale in Germania. Certo, c'è la Deutsche Bank e la minacciata multa da 14 miliardi avanzata dal Dipartimento della Giustizia americana, ma la Banca rassicura che non c'è nessun problema di liquidità, ci sono circa 215 miliardi di copertura (nondimeno il sistema bancario europeo dovrà affrontare le sue fragilità a cominciare dall'Italia e dalla Grecia).

È un dato di fatto per la signora May, con la sua ammirevole fermezza, che saranno molte le voci di cui dovrà prendere atto. Quando tra l'altro afferma che sarà lei a gestire il problema dei migranti in Inghilterra osa veramente troppo. C'è un piano UE per il ricollocamento dei rifugiati messo a punto nel settembre 2015 che dovrà tenere conto dello smistamento in tutti i paesi europei di 160.000 richiedenti asilo oggi ospitati come ben sappiamo generosamente dalla Merkel, dalla Grecia e dall'Italia, questi ultimi due naturali approdi per i disperati del mare. E ai primi di ottobre lo schiaffo ricevuto da Viktor Orban, premier nazional-conservatore dell'Ungheria, quando il referendum sui migranti ha dato ragione alla UE non raggiungendo il 50% di partecipazione.

Il 3 ottobre c'è stata la terribile commemorazione del naufragio di 380 migranti avvenuto a Lampedusa nel 2013.
Il nostro Presidente Mattarella ha ribadito che quello migratorio è un "fatto epocale", un dramma umano, ci vuole indubbiamente saggezza e pazienza, umanità, tempo. Non ci può essere indifferenza e cecità da parte delle nazioni europee.

Tornando a interessarsi della Gran Bretagna, Niall Ferguson, storico dell'università di Stanford e amico e consigliere dell'ex premier britannico David Cameron, interrogato riguardo al prossimo referendum in Italia ammonisce, rifacendosi all'esempio inglese: "non fatelo". E aggiunge "Penso davvero che George Osborne, l'ex Cancelliere dello Scacchiere, avesse ragione. Il referendum nel Regno Unito è stato un errore. Ha dapprima aiutato Cameron a vincere le elezioni del 2015 e dodici mesi dopo il suo governo stava puntando un'arma alla propria testa. Benché la campagna di Cameron non è stata eccessivamente focalizzata sull'economia, forse non s'è reso conto che le persone sono mosse anche da considerazioni extra economiche. Hanno trionfato le questioni sociali e culturali, da cui quello scarto minimo tra chi ha votato la Brexit e non".

Alcune iniziative nella prima settimana di questo mese lasciano interdetti e contrariati coloro che hanno sempre visto con fiducia l'economia e le dinamiche sociali del Regno Unito. Sommersa dalle polemiche la proposta illustrata dalla Ministra degli Interni Amber Rudd, di schedare i lavoratori stranieri. "Troppi dipendenti non britannici, dobbiamo invertire la tendenza". L'obiettivo di questa misura è assurdo, estraneo alla modernità, allo sviluppo scientifico ed economico. Sarebbe un giorno triste quel tempo in cui una forza lavoro globale venisse considerata come qualcosa di cui vergognarsi, ha detto Adam Marshall, direttore generale della Camera di Commercio britannica.
Reazioni molto negative anche da parte dell'Europa. E se non bastasse, la May ha annunciato che vuole un accordo con Bruxelles "che le offra la massima libertà" per operare

all'interno del Mercato Comune (ma se lei non c'è più...) e intende avere il controllo esclusivo sulle sue frontiere e "tenere fuori la Corte di Giustizia Europea" e le sue regole. Cerca guai. E i guai arriveranno se non guarda con più obiettività e calma alla situazione attuale non solo europea ma mondiale. E in un certo senso, la vita reale in Gran Bretagna procede in un'altra direzione. Perché il suo atteggiamento presumerebbe che il Leave avesse raccolto una percentuale più alta di voti. La May s'esprime come se fosse tornata al mito dello "splendido isolamento insulare", una specie di richiamo al superbo "Cives romanus sum", una frase latina coniata da Cicerone nella sua opera "In Verrem" che indicava l'appartenenza all'Impero Romano e sottintendeva tutti i diritti che sono connessi a tale stato.

Amber Rudd

Ma la realtà della storia presente la smentisce. Gli stranieri ora presenti sul suolo britannico non possono essere oggetto d'intolleranza e xenofobia. Obbligare i datori di lavoro a "catalogare" gli stranieri è follia pura, sia sul piano ideologico che logistico.

Non riconosciamo più (e così non era prima della data del referendum) il carattere britannico che tipicamente è aperto e cosmopolita. Questo voltafaccia è visto e vissuto dagli italiani che prestano la loro opera a tutti i livelli "in England" (che è tra l'altro molto apprezzata) come un tradimento. I loro commenti dopo il voto raccontano l'amarezza e la sorpresa, "Per la prima volta ci sentiamo stranieri". È come dare all'industria creativa una sentenza di morte. L'idea che il sistema sanitario nazionale (NHS) possa diventare autosufficiente appare come una pia illusione: senza medici e infermieri europei, di cui molti italiani, gli ospedali del Regno Unito chiuderebbero domani!

Jeremy Hunt, Segretario di Stato per la Salute, spera di poter rimpiazzare il personale straniero con talenti britannici. Sarebbe interessante sapere come e quando. La Gran Bretagna dipende dai medici stranieri più d'ogni altro paese europeo (36% - dato OCSE). Quando *The Times* in data 5/10/2016 ha titolato a tutta pagina "Le aziende devono fornire le liste dei lavoratori stranieri" si sono preoccupati in molti. In primis il sindaco di Londra Sadiq Khan, che ha scritto su Twitter "Questo manda un segnale profondamente preoccupante a milioni di persone che abitano qui e contribuiscono al benessere di questo paese". Ma molti altri, con autentico spirito inglese, dicono come nei tempi tragici della Seconda Guerra Mondiale "Keep calm and carry on". Pensano che sia un falso allarme. Facciamo quindi anche noi così e lo faranno molti nella UE.

Comunque è chiaro che la Signora May sta perdendo in affidabilità e soprattutto in simpatia. È meglio che il Regno Unito si conceda un attimo di calma e ripensamento.

D'altronde non c'era di che stupirsi che il giorno dopo le dichiarazioni inglesi, o meglio di Theresa May, Angela Merkel sia apparsa quasi una novella Margaret Thatcher. La Cancelliera tedesca si presentava come il paladino del libero mercato e dell'apertura delle economie mentre parlava davanti agli imprenditori tedeschi.

Parlava con fermezza contro chi aveva proposto limitazioni alla mobilità dei lavoratori con dosi di statalismo e ostracismo al business. Un mix che Berlino osteggia e gli ha fatto cambiare atteggiamento nei confronti di Londra e nelle trattative sulla Brexit. La libertà di movimento dei lavoratori è un pilastro del Mercato Unico europeo ed è triste constatare che quella stessa Londra che prima dell'insediamento della May era una forza portante nella vita e sviluppo della UE, oggi abbia l'intenzione di respingere e ribaltare la sua politica decennale e quindi minare alcune delle basi stesse di quella che è stata una delle maggiori realizzazioni europee: l'area di libertà di scambio e movimento di capitali e di persone.

La signora Merkel inizialmente, dopo la frattura creata dalla Brexit, s'era dimostrata estremamente disponibile nel tenere buoni rapporti con il Regno Unito il più a lungo possibile affinché questo subitaneo divorzio portasse all'Europa il minor danno possibile. Fortunatamente vediamo come nella stessa Inghilterra la stampa abbia mal digerito l'attuale atteggiamento della May. Titolo dell'*Economist* sulla Brexit: "Theresa May è partita male". Quindi l'articolo continua consigliando a Theresa May di resistere ai pericolosi istinti del suo partito. Parola dell'*Economist*, che dedica addirittura la nuova copertina al tema scottante della Brexit e critica la partenza negoziale dura del primo ministro, specie sulla riduzione dei lavoratori stranieri: un discorso così anacronistico quello della May, sotto tutti i punti di vista.

La May contesta la volontà dei paesi UE di fare troppe concessioni sull'immigrazione. Ma, prosegue l'*Economist*, per avere accesso al Mercato Unico, Londra deve tenere aperte le porte all'immigrazione. Altrimenti andrà a sbattere. Nel disegno di copertina infatti la May è al volante di una decappottabile, auto di per sé pericolosa, accanto al biondissimo ministro Boris Johnson. Il consiglio del settimanale alla guidatrice è quello di guardare avanti e lasciar perdere i compagni di viaggio. A buon intenditore poche parole.

Tuttavia le notizie che giungono dal Regno Unito non sono tali da non dare luogo a novità anche interessanti, come c'era da aspettarsi da una donna amabile e di forti convinzioni come la Premier scozzese Nicola Sturgeon, la quale è sempre decisa a non lasciare la Ue e vorrebbe istituire un ministero per evitare la Brexit e le sue conseguenze. Affinché Edimburgo continui a godere dei benefici provenienti dal Mercato Comune. E se ciò non fosse possibile, la leader non esclude un altro referendum sull'indipendenza della Scozia. Afferma che la Brexit costerebbe all'economia scozzese tra 1,7 e 11,2 miliardi di sterline l'anno da oggi al 2030.

Nicola Sturgeon

Ritornando alla signora Teresa May, che è una donna di indubbio valore ma certamente molto male consigliata.

Innanzitutto prima di lanciarsi in discorsi durissimi sulla limitazione alla mobilità dei lavoratori (con forti dosi di statalismo) e in una inaudita indifferenza alla tragedia delle migliaia di migranti, dovrebbe prima guardarsi in casa, come dice *The Guardian*: c'è scontento fra gli stessi abitanti di Londra dove in poco tempo sono sorti 400 edifici di oltre 20 piani del tutto superflui quando in città più della metà degli abitanti è contro i colossi d'acciaio, le gru e i cantieri. Alla base di questo contrasto l'impossibilità per molti inglesi d'avere un alloggio dignitoso.

Passiamo ora a una notizia su cui c'è poco da ridere e scherzare. A essere buoni c'è da pensare di essere di fronte a una manifestazione di stupidità e ignoranza. A essere cattivi, invece, c'è da pensare molto peggio. Fatto sta che in alcune scuole del Regno Unito all'atto dell'iscrizione occorrerà passare sotto le forche caudine della classificazione etnica. Per queste scuole pubbliche esistono quattro tipologie di italiani. L'italiano doc, l'italiano meno doc, l'italiano di Napoli che appare su registri pubblici come ITAN e l'italiano della Sicilia, classificato come ITAS. Non poteva stare zitta la nostra rappresentanza diplomatica dinanzi a un tale scempio. Il nostro ambasciatore Pasquale Terracciano ha spedito al Foreign Office una nota verbale per sollevare il caso. Inoltre la nostra ambasciata coglie l'occasione per ricordare che l'Italia è diventata un paese unificato il 17 marzo 1861. Si sussurra che qualcuno a Londra ultimamente sia ritornato all'Ottocento. Tali discorsi a livello governativo ne fanno veramente venire il dubbio. Come l'annuncio sulla discriminazione dei lavoratori stranieri, anche questa storia penosa sui bambini italiani benché solo sulla carta, è un presupposto pericoloso.

Ricordiamoci che non sono tutti gli inglesi a pensarla così. È un governo che comincia a dare segni di preoccupante difficoltà.

L'interesse di queste pagine è ovviamente rivolto in particolare alle sorti dell'Europa, della UE e del Regno Unito. Ciò non toglie che il mondo tutto in questo 2016 stia vivendo sotto il segno del disordine, della violenza, del futuro incerto come non succedeva da molti anni. Barack Obama annuncia che la NASA nel 2030 invierà uomini sul pianeta Marte. Ci aspetta un futuro ricco di novità, di sviluppo della ricerca scientifica, ma anche un contesto che genererà molta ansia.

Ma tornando a quella che è la situazione nel Regno Unito dopo la Brexit, argomento che si sta facendo sempre più preoccupante e attuale, c'è la questione irrisolta di un voto del Parlamento Europeo sul tipo di negoziato destinato a partire fra qualche mese fra UE e Regno Unito per formalizzare l'addio dei britannici ai restanti 27 membri. Negoziato che, ha confermato la Premier Theresa May, il governo intende far partire d'autorità, sua prerogativa attuale, chiamando l'articolo 50 del Trattato di Lisbona e consentendo solo in seguito ai Comuni e ai Lord di verificarne l'iter. Non potranno essere senza conseguenze tutti questi atti non democratici di violenta prepotenza. Chi è causa del suo male pianga sé stesso.

Ma chi ci allarma davvero è Putin che con dichiarazioni molto pesanti ha creato un clima di forte tensione in tutto il mondo, Russia compresa. Il segretissimo sito indipendente *Medusa.io* ha scritto "i giornali e i canali tv raccontano d'improvvise esercitazioni, della creazione di rifugi antiaerei, delle razioni di pane di 300 grammi per i pietroburghesi in caso di azioni belliche. Tutte notizie che hanno trovato ampio spazio sui quotidiani e siti internet. Secondo i giornali 40 milioni di cittadini sono coinvolti. Esercitazioni simili erano rare anche in URSS mentre nella storia della Russia contemporanea si svolgono per la prima volta, scrive il quotidiano *Komsomol'skaja Pravda*. L'ambasciatore a Washington Sergey Kislyak elenca 21 contesti nei quali Usa e Russia si sono regolarmente sentiti per anni e si trovano ora congelati. L'analista politico Georgy Bovt, dopo aver citato su *Gazeta.ru* tutti i preparativi a una possibile scontro effettuati ultimamente dal suo paese, comprese delle esercitazioni alla Banca Centrale, si è chiesto "questa contrapposizione può continuare a lungo senza degenerare in un aperto conflitto? Sembra che sia solo una questione di tempo".

È stato appurato dal FBI che Putin abbia caldeggiato una vittoria di Trump nelle elezioni americane, anche se lo nega, e ad alcuni esperti di politica internazionale ciò che succede in questi giorni appare come un atto minaccioso verso Barack Obama ed eventualmente verso Hillary Clinton qualora fosse eletta. Tuttavia queste sono realtà marginali. Il campo di battaglia e la causa di tutto è la guerra in Siria e la sua inevitabile tragedia.

La guerra in Siria e l'ecatombe umana che vi si compie quotidianamente con Aleppo, anticamente splendore della Siria, ormai trasformata in un cumulo di macerie sotto i continui bombardamenti russi, siriani e USA, con l'intento di colpire l'Isis e i guerrieri filogovernativi. La popolazione civile sopravvissuta è ormai ridotta allo stremo in quella che era la seconda città siriana dopo Damasco.

Plaudiamo, in tale quadro estremo di morte e distruzione, a un diplomatico dell'Onu, Staffan de Mistura, che s'offre come ostaggio per salvare la vita a centinaia di combattenti. A memoria d'uomo non s'era mai visto un simile gesto. Staffan de Mistura ha promesso a circa 900 guerriglieri intrappolati ad Aleppo, che russi e siriani vogliono stanare nella battaglia finale per la riconquista della città, un lasciapassare, "In massimo due mesi, due mesi e mezzo, la città di Aleppo potrebbe essere totalmente distrutta. E migliaia di persone, non terroristi, saranno morte mentre festeggeremo il Natale". L'inviato speciale per la Siria chiede ai miliziani di Fatah al-Sham, un feroce gruppo di ideologia qaedista inserito nella lista delle organizzazioni terroristiche di Usa e Russia, di lasciare la città, "se accettate di andarvene in dignità e con le vostre armi, sono personalmente pronto ad accompagnarvi. Non posso garantirvi di più della mia persona e del mio corpo". Questo è un passo estremo dell'Occidente per non vedere spianare Aleppo come accadde a Groznyj. Il suo intervento va ascritto a un lodevole impulso umanitario, volto a salvare la popolazione civile allo stremo nella città sotto assedio. In Siria si respira l'inferno con russi contro americani e paesi NATO, non minimamente uniti contro la minaccia dell'Isis, anzi sempre più lontani tra di loro.

Non c'è comunque solo l'inferno, anche se prevale. Oltre la nobile figura di Staffan de Mistura, c'è anche l'infaticabile guerra mediatica dell'*Osservatorio Siriano per i diritti umani* di Rami Abdul Rahman, e i caschi bianchi di James Le Mesurier, un ex ufficiale dell'esercito britannico. Entrambi sono finanziati in gran parte dai divi di Hollywood (come George

Clooney e Ben Affleck) e sono nel libro paga dei servizi segreti occidentali. Chi è vicino ad Assad e alcuni pacifisti anti-americani (come la britannica Vanessa Beeley) sostengono che in verità siano soltanto marionette dell'Occidente e complici dei terroristi.

Per ora non c'è tregua che tenga o pace possibile. Ma le guerre hanno sempre avuto un inizio e una fine. E sta anche a noi europei non dimenticarlo. Anche se questo è un modo del tutto mentale e sentimentale di affrontare le distorsioni della realtà, a suo modo è efficace nell'aiutare a contestualizzare ciò che accade.

Un'altra questione vitale riguarda coloro che paiono sordi e ciechi non solo a quanto appena descritto ma anche di fronte ai disastrosi effetti della migrazione e al problema degli stanziamenti di risorse e del collocamento di quegli esseri umani che continuano a fuggire senza sosta da luoghi dove andrebbero incontro a morte sicura.

Ieri la guardia costiera ha portato in salvo 170 persone che rischiavano l'annegamento. Non c'è sempre il lieto fine. Ho ricordato altrove come dal 2014 a oggi siano almeno 10 mila i fuggitivi che ora giacciono in fondo al nostro Mediterraneo.

Vorrei terminare la prima parte del mio lavoro (che potrei chiamare "Approfondiamo la Brexit") con un caldo e convinto benvenuto alla decisione di Angela Merkel d'affrontare un altro quadriennio come Cancelliera del suo paese, con la volontà di migliorare per quanto possibile alcune imperfezioni attribuitele.

Ora mi trovo davanti materiale di studio e di lavoro che richiede tutta la mia pazienza, sopportazione, ingenuità. Per cui, pur avendo a mente gli argomenti, ho necessità di lasciare passare alcuni giorni. Si tratta chiaramente di Trump, con tutte le sue dichiarazioni, disdette, contraddizioni, la sua presunzione, la poca affidabilità. Questo presidente si è contraddetto un po' troppo nello spazio di pochi giorni.

Concluderò occupandomi di alcuni punti che trovo interessanti. Wolfgang Schäuble, potente Ministro delle Finanze tedesco e che molti di voi ricorderanno per la sua inflessibilità nelle trattative con la Grecia, attacca la Commissione UE che aveva richiesto "più controlli sui bilanci dei singoli paesi". La Commissione Europea aveva invitato la Germania a ridurre il surplus di bilancio, come prevedono le regole europee. A cui il ministro ha replicato spiegando che la politica di non deficit della Germania ha prodotto la quasi piena occupazione e che eventuali stimoli rischierebbero di surriscaldare l'economia. Schäuble ha inoltre aggiunto: "Raccomandazione al paese sbagliato" invitando la Commissione Europea a controllare più attentamente i bilanci degli Stati membri. Schauble ritiene che la politica di non deficit degli scorsi anni deve essere ripetuta nel 2017 e che ciò sia essenziale per l'economia tedesca. Wolfgang Schäuble s'è giustamente inalberato anche nei confronti della Sig.ra May che dà continui motivi, fondati, per essere richiamata dall'Unione a rispettare il diritto comunitario.

Non è accettabile la politica fiscale su cui la Sig.ra May pensa di costruire il successo finanziario della City. La neo Premier intende addirittura far scendere l'aliquota originariamente applicata agli utili d'impresa dapprima al 17% per poi ritoccarla fino al 14% e rendere il Regno Unito più appetibile per le imprese del consenso del G20.

Infine, interessandoci agli avvenimenti europei, dal Parlamento Europeo giungono dichiarazioni nei confronti della Turchia e di Vladimir Putin. Per quanto concerne la Turchia s'intende sospendere la procedura d'adesione all'UE. Mossa sempre più giustificata. Il commento di Ankara sullo stop: "UE senza visione".

A Putin viene imputato d'aver finanziato partiti anti UE. Il commento di Putin: "Degrado politico occidentale".

Riguardo a Erdogan, la sua politica verso il suo popolo è diventata atroce, non ci sono scusanti. Di Putin, senza volerlo troppo giustificare, bisogna vedere anche i lati buoni e usare a piene mani la diplomazia, perché è la via giusta e potrebbe infine essere anche utile all'Europa. Non sono la sola a pensarla in questo modo.

Seconda Parte: Scritti novembre-dicembre 2016

Ecco ora quello che forse per alcuni è un colpo di scena. Invece previsto e auspicato dalla maggioranza "reale" del Regno Unito coinvolta nella tragedia della Brexit (Scozzesi, Irlandesi, liberali, buona parte dei laburisti e alcuni conservatori). Per me, fu subito fatto lapalissiano e con tutti i presupposti, concreti ed eclatanti, perché si verificasse.

Sin dai giorni precedenti il 23 giugno seguivo il precipitare degli avvenimenti (ricordiamo la tragedia dell'assassinio della giovane deputata attiva per il Remain, Jo Cox). E in seguito con la vittoria ai punti della Brexit, con l'animo in rivolta, cominciai a stendere pagine e pagine, titolandole di getto "Brexit, la palude". Un po' forte ma che ora purtroppo si rivela se non profetico del tutto adeguato, con il governo che rischia di trovarsi nelle "sabbie mobili". S'è fatta dura la strada di chi ha staccato i fili con l'Europa.

Avendo lavorato alla CECA, quindi brevemente a Bruxelles e infine all'Ufficio Stampa di Roma, per un totale di otto anni, sono veramente un'europeista convinta e spero informata. Amo l'Inghilterra e ogni occasione era buona sin da ragazza per recarmici. Sono laureata in Economia e Commercio e ho seguito studi classici. Quindi all'indomani della Brexit l'impulso a usare penna e calamaio per documentare in modo puntuale quanto avveniva è stato troppo forte per resistergli.

Contro il governo in carica e la Premier Theresa May s'è mosso un gruppo di cittadini pro UE, guidato dall'imprenditrice Gina Miller, convinti che il referendum del 23 giugno fosse solo consultivo e non vincolante e che solo il Parlamento ha il potere di dare il via al processo della Brexit. La Brexit "hard" decretava il diritto di avviare il negoziato con la Commissione di Bruxelles senza aver prima consultato la Camera dei Comuni e forse neppure quella dei Lord. Ma ora l'Alta Corte a cui la Miller s'è appellata sostiene che non è possibile modificare i diritti acquisiti dai cittadini nell'ambito della UE senza un dibattito parlamentare.

Il dramma di cui saremo testimoni nelle prossime settimane e mesi non è soltanto il frutto maturo e prevedibile di una vicenda ormai nota, se la Gran Bretagna voglia restare nella UE o uscirne. Sarà anche un duello tra politica e giustizia.
Fu forse un errore del Primo Ministro Cameron quando credette di dover ricorrere a un referendum per ammansire la fazione euroscettica del suo partito. Non sarà facile riparare il guasto provocato dalla sua imprudenza. Possiamo ricordare come lo stesso Cameron pagò la sua iniziativa ritirandosi addirittura dalla vita politica attiva. In una buona democrazia (e la democrazia è sacra), i trattati internazionali non si sottopongono a referendum: troppo facile strumentalizzare la decisione. I padri costituenti dell'Europa ci erano arrivati, purtroppo David Cameron no.

Con una vittoria di Gina Miller si verificherà un dibattito parlamentare in cui verrà rimessa in discussione l'uscita della Gran Bretagna dalla UE. Secondo calcoli fatti prima del Referendum, i partigiani del Remain erano già allora più numerosi di coloro che volevano uscire dalla UE. E questo gruppo s'è indubbiamente rafforzato a causa dei forti dubbi emersi nei mercati finanziari sul futuro della City (Anthony

Browne, presidente e amministratore delegato della *British Bankers' Association*, in un articolo scritto per l'*Observer*, minaccia di lasciare Londra all'inizio del 2017) e da alcune stime negative sulle prospettive delle esportazioni della Gran Bretagna.

Il fatto grave e lesivo dello stato civile dei cittadini britannici è che non v'è mai stato un mandato alla Premier May di portare il paese fuori dal Mercato Comune, danneggiando gravemente l'industria dell'auto, della farmaceutica e appunto la finanza. E ci sono state iniziative dell'attuale governo davvero infelici come la proposta di schedare i lavoratori stranieri (osteggiata dallo stesso sindaco di Londra), frenando così il mercato del lavoro. E cosa dire della classificazione nelle scuole dei bambini italiani di origine siciliana e napoletana in ITAS e ITAN. Di cui il governo ha dovuto scusarsi. Atteggiamenti quasi razzisti. E non solo verso gli immigrati. E che segnano un ritorno al passato e a un forte autoritarismo di Stato.

È doveroso ora presentare in maniera più completa la coraggiosa Sig.ra Gina Miller, cinquantenne della City, nata in Guayana e cresciuta in Gran Bretagna. Nella nuova direzione che hanno preso gli avvenimenti la Miller è unita a Ivo Illic Gabara, italiano di 56 anni, a Londra dal 2008, che presiede una società che s'occupa di comunicazione. All'inizio dell'estate, con un piccolo e valido gruppo di alleati, hanno gettato il seme dell'attuale decisione. Precisamente era il 29 giugno, subito dopo il Referendum. In una saletta di Mishcon de Reya, uno dei grandi studi di avvocati della City (e alle cronache per avere rappresentato Diana nella causa di divorzio con il principe Carlo), la Miller, Gabara e pochi altri si ritrovarono per impostare la sfida legale che ha già segnato una prima vittoria.

Gina Miller

"Le decisioni della Sig.ra May, se incontrastate, sarebbero state un vero e proprio stravolgimento della Costituzione, formatasi in secoli di Common Law, quasi un colpo di Stato". Per rappresentare la Sig.ra Miller all'Alta Corte, Mishcon de Reya ha ingaggiato Lord David Pannick, a "Queen's Counsel", ossia uno degli avvocati da dibattimento più celebri in Gran Bretagna. A Gabara spetta il compito di parlare a nome del gruppo e gestire le comunicazioni di Gina Miller.

Quanto agli altri sostenitori della causa si sa solo che fra di essi si trovano figure del mondo degli affari e dell'Industria. "Non solo soci di Mishcon de Reya" si limita a dire Gabara "ma ci sono molti clienti dello studio come la signora Miller. Non vogliamo dare adito a teorie inesistenti di complotto, se facessimo i nomi saremmo tacciati di essere l'élite di Londra che vuole rovesciare la volontà del popolo". Se mai fu equo parlare di volontà del popolo. "Inoltre" prosegue Gabara "abbiamo dimostrato che il Regno Unito resta la patria dello Stato di Diritto". Non si possono privare milioni di britannici della possibilità di vivere gli anni della pensione in Spagna o di aprire un conto in Germania senza avere prima ascoltato il

Parlamento. E il fatto più grave contro i diritti civili degli inglesi è come abbiamo visto che non c'è mai stato un vero e proprio mandato alla Premier di portare il paese fuori dal Mercato Comune, danneggiando così l'economia.

È giunta l'ora che i moderati tornino in gioco senza dubbi ed esitazioni. Infatti sono proprio i moderati e chi li sostiene a suscitare sdegno e preoccupazione in una persona come Matthew Elliot, 38 anni, considerato uno dei lobbisti più potenti del paese. Sin dai primi giorni che seguirono il 23 giugno 2016 è stato chiaro quale fosse il peso delle lobby nell'esito del Referendum e di come queste fossero sostenute anche da consorterie straniere. E sono state infatti proprio le lobby con le loro potenti pressioni sul popolo a essere riuscite faticosamente a ottenere quella discutibile vittoria del Leave sul Remain. Quando quest'ultimo resta il vero sentire degli inglesi. Le percentuali (52% e 48%) parlano da sé. Si disse che era un segnale di "populismo", ma in questo caso fu piuttosto un caso d'informazione incompleta, informazione che non raggiunse fra l'altro le campagne e le zone più isolate. E infatti subito dopo il risultato fu richiesto un secondo referendum da ben 2 milioni di britannici che si sentivano ingannati. Richiesta che fu tuttavia respinta. Contro certe forze spesso è difficile agire.

Ora sono trascorsi più di 4 mesi da quel giugno "sciagurato". L'attenzione mondiale è oggi polarizzata sul risultato delle elezioni negli Stati Uniti. Il 10 novembre 2016 Donald Trump è stato eletto presidente degli Stati Uniti. Non mi sento di parlarne in modo esteso, ma aprirò una parentesi. C'era da aspettarselo. Con quella battaglia all'ultimo respiro con la Clinton e la variabilità propria dei movimenti d'opinione dell'ultima ora. È indubbio che un peso notevole l'abbia giocato l'ormai noto appoggio a Trump di Vladimir Putin. Ma lo stesso popolo americano covava in sé uno scontento profondo.

Le reazioni in Europa sono state quelle attese. Non certo di tripudio, è quello che c'era da aspettarsi s'è verificato: in Francia, Marine Le Pen s'è detta certa di una prossima vittoria delle destre mentre in Germania la giovane (e quasi nazista) rivale della signora Merkel ha cantato prematuramente vittoria. La Commissione Europea ha dichiarato per voce di Junker il timore che con Trump i rapporti saranno più difficili. In Italia Renzi ha perduto l'appoggio di Obama e con un referendum vicino non è assolutamente un esempio di forza e coerenza. Naturalmente la signora May esulta, anche lei prematuramente, vedendo erroneamente in questa scelta degli americani un parallelo con il referendum sulla Brexit.

Eppure io penso che sia saggio non cambiare una virgola dei proponimenti messi in moto dalla signora Miller, da Gabara e dagli altri promotori. Una cosa che volevo ricordare già all'inizio della mia dissertazione, da tempo temo che su Londra incomba il pericolo imminente di un attacco terroristico. Andrew Parker, Direttore Generale del MI5, il servizio segreto di Sua Maestà: "il livello d'allerta è grande, un attacco probabile". Discorso tenuto piuttosto segreto più che altro per non incolpare il governo della sua politica che divide. La politica quasi razzista della May, come lo stesso sindaco di Londra aveva fatto notare, avrebbe portato infine scompiglio a danno di milioni di persone nel mondo, a cominciare dai musulmani che da anni hanno parenti residenti a Londra e che sono stati a oggi in rapporti pacifici con i restanti cittadini londinesi.

Ora il risultato americano ha portato a galla reazioni esagerate e premature. S'arriva a vedere un parallelo nella vittoria populista di Trump e nei risultati della Brexit, la cui causa non fu solo il populismo.

Una cosa certamente triste ma evidente è che né Donald Trump né Theresa May hanno a cuore l'uno l'America e l'altra la Gran Bretagna (che anzi sta conducendo alla rovina). Ambedue amano il potere. O almeno è il sentimento prevalente.

Questo è uno di quei momenti in cui desideriamo il silenzio. Non certo la rinuncia. La situazione in America è davvero preoccupante. Moltissimi cittadini sono insorti nelle piazze contro il risultato delle elezioni. E l'inutile protesta continua. Incarcerazioni, a decine e decine, ci sembra già d'assistere a una fotocopia di Erdogan. Obama s'era prestato a seguire e aiutare il novello presidente nei primi difficilissimi passi della sua amministrazione. Ed è subito giunta come risposta il divieto di prendere decisioni nei rapporti con l'estero. Fra incarcerazioni e imposizioni alleggia un certo profumo noto di dittatura. La Commissione Europea s'è già espressa con profetiche note dolenti: Trump non conosce il mondo, per due anni saremo in difficoltà.

La prima persona che Trump ha invitato negli States risulta essere la signora May. C'era da aspettarselo. Meglio così. Se c'erano ancora dei dubbi i giochi ora sono chiari. Tanto più ora, con questi passi della signora May che dovrebbero ai suoi occhi renderla temibile e importante (ottimi rapporti con

Trump), la Statua della Libertà si rivela un gigante di creta e giorno dopo giorno si sbriciola al suolo.

La signora Gina Miller e tantissimi altri già da tempo scontenti e dubbiosi del governo e delle sue decisioni, tutti coloro che avevano guardato dubbiosi alla Brexit, comprenderanno quello che ora si richiede, quello che si deve difendere con decisione. Abbandonare dall'oggi al domani il Mercato Comune è un grande errore. Forse ora Germania e Francia vedono in questa Gran Bretagna con il volto corrucciato della signora May una difficile compagna di viaggio. Ma perché non dovrebbe prevalere l'antico sogno di Spinelli sull'Europa, e degli altri grandi sostenitori d'ingegno come De Gasperi, sino ad Azeglio Ciampi, per parlare solo di alcuni degli italiani. Io spero molto nella signora Merkel, anche se dispiaciuta e offesa, spero anche in Hollande, che non è di certo un esaltato, spero in tutti coloro che hanno lavorato e creduto nel Mercato Comune. Siamo moltissimi. Ora c'è il sostegno della signora Gina Miller e di Ivo Illic Gabara e guardiamo a un'Europa che sia insieme con la Gran Bretagna e nuovamente lanciata verso crescita e investimenti. E tutti speriamo davvero che la Gran Bretagna capisca quanto grande sia l'errore di cercare l'autosufficienza. Che è un mito pericoloso nel 21esimo secolo. Quello europeo resta il sistema sociale migliore del mondo, chi si sente di sostenere il contrario? Le molte imperfezioni, le lentezze e miopie, gli egoismi si possono correggere. Dell'Unione europea il Regno Unito è la prua. Una nave senza prua è una zattera, ma una prua senza nave affonda. Guai a pensare che d'improvviso l'Europa sia diventata decrepita e senza difese, in quella notte del 9 novembre. Ricordiamoci che è "la giovane America" contro "l'antica e saggia Europa". Tornano alla mente vecchi detti, "can che abbaia non morde", "tanto rumore per nulla".

Riguardo ai risultati americani delle elezioni, Sylvie Goulard, eurodeputato francese e autrice tra l'altro con Mario Monti di "La Democrazia in Europa: guardare lontano".

"Naturalmente è troppo presto per dire oggi che linea seguirà l'America di Donald Trump. Ma noi europei dovremmo ribadire subito a Washington i valori che, al di là delle singole differenze, ci accomunano tutti, da Berlino a Roma a Parigi e a tutte le altre nostre capitali: il rispetto per le società aperte, le donne, gli immigrati, il rifiuto della pena di morte, i diritti degli omosessuali."

Paradossalmente, "The Donald" potrebbe dimostrarsi una cartina di tornasole per rivelare indirettamente agli europei ciò che li unisce: "Un po' come accadde ai padri dell'Europa quando si ritrovarono di fronte un'Urss che nella sua visione non rispettava certi valori: furono proprio loro, a schierarsi per il rispetto e la dignità delle libertà civili".

Non solo: "se a Roma, Parigi o in altre capitali" dice ancora la Goulard "qualcuno si lamenta ogni tanto dei presunti diktat di Bruxelles, questo potrebbe essere il momento per ricordarci di quanto vale la nostra moneta comune, l'euro: perché domani, chissà, potrebbero arrivarci dalla Casa Bianca, dal

Congresso, dalla Fed, dal Tesoro, altri diktat di ben altra potenza, e allora l'euro potrebbe rivelarsi come l'unico nostro vero scudo".

Il Trump che più dovrebbe preoccuparci? "Quello che, insieme con gran parte del suo partito repubblicano, mantiene posizioni arcaiche e irrazionali sulla protezione dell'ambiente, praticamente è rimasto nel secolo scorso".

In questo momento di tante minacce il dovere dell'Europa come l'abbiamo conosciuta, come Europa unita, è di unirsi con la convinzione di fare la Cosa Giusta, affidandosi alle proprie forze, storiche e attuali, economiche e militari.

Per ora sono solo sensazioni su Donald Trump. Ma tanta millanteria, il suo incedere roboante, mi fanno temere più per lui, verso il quale non provo sentimenti ostili (non sono stata un'elettrice). Ciò che per noi europei conta davvero è se decidiamo di ritrovare un'Europa unita. Quella che nacque con il Trattato di Parigi che istituiva la CECA e con quello di Roma del 1957 con cui nasceva la Comunità Economica Europea.

Vorrei esprimere un mio primo parere su Vladimir Putin. Che non s'è formato solo sugli ultimi avvenimenti esasperati tra USA e Russia, dai duri ammonimenti da parte della Merkel, nei bombardamenti sulla Siria o per i rapporti con Erdogan. Ma c'è stato anche il giustificato ma pesantissimo intervento Nato su tutte le frontiere dei Paesi di interesse russo. È vero che Putin ha sostenuto Trump, ma a ragion veduta, Hillary Clinton avrebbe seguito la politica di Obama. Ma non è detto che ora Putin intenda continuare ad aiutare una persona così diversa da lui, colui che vuole costruire un incredibile muro ai confini del Messico (obbligando lo stesso Messico a pagarlo!). Sono persone molto diverse. Non abbiamo mai visto Putin circondato da decine di donne più consone a una copertina di Playboy o a un corteo hollywoodiano. Putin è un uomo religioso con forti sentimenti, è molto intelligente e riservato.

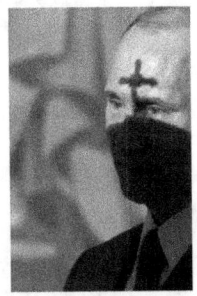

Putin

Un pensatore e filosofo russo (di cui non ricordo il nome) afferma che la Russia ne avrebbe a soffrire di una scissione dell'Europa perché Putin, pur avendo caratteristiche prettamente asiatiche, è soprattutto un europeo e i russi sono un popolo molto romantico con le loro dacie, i loro scrittori e poeti come Tolstoj, Dostoevskij, Puskin, Checkov, Pasternak e tanti altri, gli splendidi ballerini del Bolshoi come Nuriev. Ovviamente ci sono anche gli armamenti e il KGB, ma sono ovviamente strumenti di difesa.

C'è un baratro tra Putin e coloro che gli vengono attribuiti come amici: Assad e Erdogan. Per cui, nei limiti, l'Europa una volta riacquistata alla casa materna la Gran Bretagna, non s'inimichi, cerchi comprensione reciproca con l'antica splendida Russia.

Lev Tolstoj

Giunge intanto dagli USA, sempre teatro di proteste per l'esito delle elezioni, la notizia che in attesa del viaggio di Theresa May è arrivato da Trump il leader dell'Ukip, Nigel Farage, un populista di destra ovviamente fautore della Brexit. Contattato anche il clan Le Pen in Francia. Farage ha detto che Trump era rilassato e pieno di buone idee. "Caccio subito tre milioni di immigrati". "Sarà di sicuro un buon presidente". Se lo dice Nigel Farage resta più di qualche dubbio.

Sono passati così pochissimi giorni, cinque, dalle elezioni americane che qualsiasi certezza è pericolosa. I giornali, ed è il loro lavoro, offrono un panorama catastrofico. L'importante è, una volta conosciuti i fatti, non farsi prendere dal panico e aspettare con animo tendenzialmente ottimista e diplomatico, quello del nostro Ministro Gentiloni. "Non è il presidente che desideravo ma cerchiamo di collaborare".

1) Che anche in America non fosse il presidente voluto da molti lo dimostrano le manifestazioni in piazza con nuovi interventi della polizia.

2) Riguardo all'Europa ripeto con convinzione che la linea da seguire su quanto sia ora possibile fare dipenderà

dalle nazioni europee (nessuna esclusa) e non da Donald Trump. Il quale di problemi ne ha davvero parecchi, come l'assetto del suo nuovo governo, i nemici in patria, essere coerente con le asserzioni erratiche fatte nella campagna elettorale. Come l'avere annunciato un taglio dei fondi USA all'Alleanza Atlantica e il blocco del trattato di libero scambio con l'Europa (TTIP). Le vere e proprie novità in questo novembre 2016 saranno poche, prevedibili e probabilmente non del tutto costruttive.

Da parte della signora May il buio è sempre più profondo. È preoccupante. È infatti arrivata a dire che a tutt'oggi il governo non ha ancora un piano concreto su come gestire la Brexit e anzi, confida al *The Times*, ci vorranno almeno altri sei mesi per definire le priorità dei 500 e più progetti legati all'uscita del Regno Unito dall'UE. Notizie che non potranno non dispiacere alla signora Gina Miller, a Ivo Illic Gabara e a coloro che confidano in un definitivo mutamento del risultato Brexit. Comunque l'opinione su quanto sia inadatta la May è univoca.

In Italia sentiamo un'aria d'incertezza, nelle parole dell'onorevole Matteo Renzi, che usa il dolorosissimo vocabolo "muro" affermando "non accettiamo che con i nostri soldi all'Unione Europea s'alzino muri". Quanta confusione! È vero che ci sono controversie economiche di bilancio in atto con la Ue, ma giungere a una simile pesante affermazione può solo rientrare, come le altre recenti esternazioni, nella tensione di un esito elettorale così vicino. L'Italia veda d'appianare i dissensi e si ricordi che è lei ad avere necessità del Mercato Comune e non viceversa.

Comunque la risposta di Bruxelles non è stata di condanna immediata. Attraverso il commissario Ue per gli Affari Economici e Finanziari, Pierre Moscovici, ha annunciato che per ora non è stata aperta una procedura d'infrazione contro Roma. E parlando dei migranti ha spiegato che il Consiglio Europeo sa che sull'Italia cade una responsabilità collettiva e non solo nazionale. E poi sono state considerate le spese del terremoto. E l'Italia è in buona compagnia: a rischio infatti sono stati giudicati anche Belgio, Cipro, Lituania, Slovenia e Finlandia. Tuttavia il pericolo di procedure d'infrazione non è scongiurato. La Commissione UE presenterà a breve un rapporto sugli squilibri di bilancio di Italia e Belgio, ha annunciato il vicepresidente della Commissione Valdis Dombrovskis, e tra i 13 paesi destinati ad ulteriori approfondimenti per squilibri Bruxelles ha messo anche la Germania. E questo non può essere che positivo per un mercato comune migliore.

Obama in un tour di visite d'addio, dopo la Grecia, dov'è stato accolto con folklore e simpatia, s'è recato dalla signora Angela Merkel. Incontro caloroso quello fra i due capi di Stato. Obama ha dichiarato che se fosse stato tedesco avrebbe senz'altro votato per la Cancelliera. "Se io fossi di qui, se fossi tedesco, sarei un suo seguace, le darei il mio voto".

Ora ci si destreggia nell'osservare gli avvenimenti al di qua e al di là dell'oceano. Trump non poteva pretendere di non incontrare alcuni iniziali ostacoli e problemi. Certo non è stato gradito il diktat della Banca Centrale americana "non si tocchi la riforma finanziaria di Obama".
A New York tre edifici hanno cominciato a rimuovere il nome

di Donald Trump dalle facciate a una sola settimana dalla vittoria del magnate newyorkese. Si tratta di tre condomini con appartamenti di lusso in affitto che si trovano nel quartiere Upper West Side sulle rive del fiume Hudson: non si chiameranno più Trump Place su richiesta di più della metà dei residenti. A deciderlo il proprietario, la società immobiliare Equity Residential. Anche per Trump non sono tutte rose. Vedremo quali saranno le reazioni dell'uomo.

In questo quadro una cosa rimane: l'unica certezza per noi tutti è di non poterci permettere di essere pessimisti. Ci sono punti fermi, cioè che l'America rimane fondamentalmente l'America. Cioè un paese saldamente democratico. Nessuno può prevedere quali saranno le mosse di Donald perché molte delle sue promesse sono in contraddizione fra di loro. Cercherà di infondere i suoi valori nella società americana e sappiamo quali sono perché non ne fa mistero, ma non è detto che vi riuscirà. Per chi concepisce un mondo con un volto parzialmente nuovo e necessariamente non negativo è arrivato il tempo di un po' di umiltà, della comprensione, della ricostruzione, della speranza. Ora tocca ai giovani d'anagrafe e di spirito che s'oppongono alla Brexit e al muro con il Messico. È il momento per loro di nuove esperienze, di riflessione sul senso dell'impegno politico, di trarre i debiti insegnamenti dagli errori, non solo in America, di chi li ha preceduti. Inoltre v'è la certezza, per gli Stati Uniti, che gli interessi americani nel mondo, economici, militari e strategici, non sono una rete leggera che si possa sollevare e gettare via facilmente, per quanto Trump si dichiari isolazionista e protezionista. In generale, le imprese, le multinazionali, gli economisti, le università con i suoi accademici sono un contrappeso che in molti casi farà pendere la bilancia dalla parte dell'apertura al mondo e non della chiusura.

Indubbiamente l'Europa e l'Italia in particolare non possono rinunciare all'alleato americano che ha garantito 70 anni di prosperità e democrazia. Il legame transatlantico dovrà restare possibile anche se forse meno facile. Essendo questo il contesto mondiale, toccherà alla Germania guidata da Angela Merkel prendere il timone, non solo economico, ma anche strategico dell'Europa. Non si deve guardare con pessimismo al futuro, ai risultati delle prossime elezioni europee. È da ogni punto di vista un errore. Non dobbiamo concedere a priori una vittoria totale a Trump che in effetti deve essere ancora dimostrata. Noi europei ai timori suscitati dalla nuova leadership americana dovremmo proporre un modello di partnership responsabile, sotto la guida notevole della Merkel e d'altri capi di Stato europei. Nulla di peggio che "gridare al lupo" prima del tempo. Dice l'ex commissario europeo inglese Chris Patten: "se l'America coltiverà l'imprevedibilità e sarà quindi fonte di instabilità, allora non c'è altra scelta che investire di più sulla nostra sicurezza". È inglese, europeista.

Chris Patten

Sarà molto interessante considerare le posizioni reciproche tra Vladimir Putin e Trump ma soprattutto, con molta intelligenza, quelle tra Putin e l'Europa. E ora Trump sta effettuando quello che ci si doveva aspettare da un presidente come lui. S'è affrettato a circondarsi di ministri "falchi" con volti scolpiti nella pietra fredda come Bolton e Giuliani. Eppure sta esagerando, sbandierando agli occhi del mondo un simile governo. Si farà temere ma soprattutto detestare e farà sì che nelle controparti si mettano in moto i sentimenti più primitivi e rifioriscano gli interessi nazionali. Non si può essere certi che dall'oggi al domani dimentichino la loro storia recente per l'improvviso insediamento di quest'uomo così prepotente. Trump sta esagerando. Anche con la questione messicana. Più di un presidente, in passato, ha iniziato il suo mandato promettendo di difendere i confini con un muro. Ma con i messicani è pericoloso usare tante minacce. Anche qui la storia insegna.

Ho accennato alla posizione nei confronti di Vladimir Putin. Indubbiamente, è oramai riconosciuto, che la Russia abbia aiutato Trump nel risultato delle elezioni. Ma questo non vuole assolutamente dire che intenda correre in suo aiuto o dare luogo a una qualche partnership USA-Russia. È interesse reciproco, per la Russia e il continente europeo, giungere con la diplomazia, la calma, il buon senso, a una convivenza civile, possibile. Putin non è Trump. Il primo è uno zar, il secondo sta diventando un tiranno alla Far West.

Ciò che preoccupa e addolora, e dove ogni via d'appianamento e soluzione appare lontana, è la Siria. Assad e quello che resta dell'Isis, che sembra impossibile eliminare del tutto. Questa è la nostra piaga, vicina. I barconi di esseri umani disperati, i migranti che a migliaia continuano a fuggire dal loro paese dove è impossibile vivere. Annegano, uomini, donne, bambini, arrivano nei paesi d'approdo sull'altra sponda del Mediterraneo, portando con sé speranza e disperazione. È già stato detto, è un dramma di portata epocale. Non chiamiamoli jihadisti perché non lo sono. I terroristi hanno mezzi più sicuri per arrivare nei nostri paesi. Io affermo qualcosa che sento con forza. Forse anche Angela Merkel ha provato qualcosa di simile. Se noi vogliamo che la nostra opera salvifica del continente europeo si compia dobbiamo accettarne i lati positivi che sono moltissimi, dalla ricchezza alla cultura, ma dobbiamo accogliere, ripartendoli tra i paesi europei, questi fratelli, quasi sempre di pelle scura.

Ma ecco che oggi 21 novembre 2016 arrivano notizie foriere di nuove speranze per noi europei e di fondamentale importanza. È sempre stato palese che io ho per la signora Angela Merkel stima, fiducia e simpatia. La Cancelliera tedesca ha deciso di ricandidarsi per la quarta volta per il mandato a guidare la Germania. La Merkel non è una persona qualunque. Ha la sensibilità della donna e la forza e determinazione di un uomo. "Decisione lenta e difficile: dovremo cercare unità e compromessi. Difenderò i nostri valori e stili di vita".
Personalmente ho sempre avuto per la Merkel tutta la fiducia e la simpatia possibile. Il discorso si farà man mano complesso e specifico. Io lo terminerei qui, citando un'altra copertina di giornale. In precedenza mi aveva colpita lo *Spiegel* che raffigurava la Merkel nelle vesti di Madre Teresa di Calcutta, per la sua umanità dimostrata verso i migranti. Ora a colpirmi è l'americano *Time* del 2015 che incornicia il suo volto come

"Person of the Year", chiamandola "Chancellor of the free world".

Forse apparirò noiosa. Non me ne importa nulla. Io della signora Angela ho sempre avuto l'opinione migliore. Io ho sempre visto in lei chi ci avrebbe, noi tutti europei, ricondotti nella giusta direzione.

Le copertine dello Spiegel e del Time

In Francia domenica 20 novembre ha prevalso nelle primarie François Fillon con il 44,2 % dei voti. Durante la campagna elettorale, ha criticato i troppo cauti progetti di riforma dell'avversario Alain Juppé, definendoli una "tisana". Questi ha ribattuto subito: "attenzione semmai all'eccesso di vodka!"

Fillon

Già in campagna elettorale d'altronde era stato chiaro. Interrogato se avesse paura di una futura alleanza tra Stati Uniti e Russia, aveva risposto "Non solo non la temo, ma me la auguro".

Se il Generale De Gaulle dialogava con Stalin, perché non dovremmo farlo noi con Putin. Prosegue Fillon: "Poi c'è un rapporto personale, anche se su questo ovviamente preferisco glissare. A un pranzo con la stampa internazionale ci siamo conosciuti, quando entrambi eravamo primi ministri. Ho imparato a conoscere e apprezzare Putin. Un negoziatore duro, meno ipocrita e fumoso di tanti altri. Ma leale con chi lo è con lui, serio. Ho avuto la sensazione di potermi fidare".

Fillon vuole la fine o l'attenuazione delle sanzioni a Mosca. Si teme, forse con troppo anticipo, un'incomprensione tra il duro Fillon e la più moderata Merkel. Sono due persone molto intelligenti, ambedue religiose, anche se di fedi differenti. Sono adattissimi alla guida dei loro Paesi. Le incomprensioni o disaccordi tra simili persone non avranno lunga durata. E si troverà con calma e buon senso anche un accordo con Vladimir Putin che è desiderabile più come amico che come nemico.

Tornando all'Europa, Schulz annuncia il suo abbandono della guida del Parlamento Europeo per occuparsi pienamente di politica in Germania come candidato alternativo alla Merkel.

Giunge intanto un'altra notizia negativa sulle conseguenze della Brexit sul Regno Unito. Un rapporto del Credit Suisse per il 2016 dichiara che il numero di milionari britannici è calato del 15%, in parte dovuto al calo della sterlina.

Ho detto e qui lo ripeto che non mi sento pronta per parlare del romanzo "Trump Presidente". Quindi continuerò a parlare di ciò che mi sta tanto a cuore: il benessere dell'Europa, i buoni risultati politici per la Sig.ra Merkel.

Vorrei ora ricordare qualcosa proprio del periodo in cui ancora cadevano i calcinacci e si dilatavano le crepe causate dalla Brexit. I sindaci di due città, Parigi e Londra, che nell'ultimo mezzo millennio hanno contribuito in maniera determinante al mito dell'Europa, la socialista Anne Hidalgo e il neo eletto laburista Sadiq Khan, annunciavano "Ora più che mai lavoreremo insieme. Economicamente, culturalmente, e anche come rifugio per chi cerca protezione e solidarietà".

In questi tempi ci vuole coraggio nel ribadire un concetto: l'ignoranza ovvero la violenza si combattono con la cultura ovvero con la tolleranza. Si deve essere convinti che c'è ancora qualcosa da difendere, da conservare. I privilegi a cui faceva riferimento Nigel Farage durante la campagna per la Brexit, già non esistono più mentre nel Regno Unito la sua opera da "spaccone" prosegue intervallata da visite a Trump. Sono simili, infatti. Proprio in questo contesto privo di qualsivoglia visione sul futuro, due sindaci, una franco-spagnola, la Hidalgo, e un anglo-pakistano, Sadi Khan, lasciano che il meccanismo messo in moto dalla Brexit faccia il suo corso senza fomentare rancori e mettono le loro citta-mondo a disposizione della ricostruzione.

Citta-mondo, come la definisce il visionario dell'integrazione per eccellenza, Papa Francesco: da questi laboratori di convivenza potrà riemergere un'Europa nuova, migliore e un approccio più umano all'economia. Non è un caso se tutti i principali capi di Stato si rechino da papa Francesco con spirito reverenziale sapendo che da quest'uomo provengono fiumi di saggezza acquisita anche grazie alla sua consapevolezza degli equilibri geopolitici del mondo. Tralasciamo, non è un dono per tutti, la sua ispirazione divina.

Il 25 novembre 2016 (e davvero non resterà una data qualunque) Erdogan ha annunciato che previa approvazione del suo parlamento, in Turchia sarà reintrodotta la pena di morte. Non voglio tornare a nominare Putin, ma non assimiliamolo assolutamente a questa persona. Se così stanno le cose è certo che tutta l'Europa civile alzerà un muro con questo paese sfortunato, non colpevole di essere guidato da un tale figuro.

Anche se non era ancora nelle mie intenzioni, un avvenimento di portata mondiale mi costringe a fare il nome di Trump.
A Cuba il 26 novembre 2016 s'è spento all'età di 90 anni Fidel Castro, il "lider maximo". Ha chiesto di essere cremato, annuncia il fratello Raul, attualmente a capo del Paese. I funerali avverranno a Santiago il 4 dicembre.
Ebbene, Trump è riuscito una volta di più a indignarmi. Ci sarà tutto il tempo per discutere sulla vita di un uomo che ha avuto un impatto indiscusso nella Storia di questo secolo. Non è spirato che da un giorno e Trump lancia il suo vergognoso insulto che, almeno per ora, poteva risparmiarsi: "Castro è stato un brutale dittatore che ha oppresso il suo popolo". Aspetti almeno il 20 gennaio, quando sarà Presidente a tutti gli effetti.
Il nostro ministro Gentiloni: "Pagina grande e drammatica del '900".
Obama: "Sarà la Storia a giudicare il suo indiscusso impatto".
Putin: "Sincero e affidabile amico della Russia". Anche Papa

Francesco esprime il suo cordoglio per la morte di un uomo che aveva incontrato e di cui ben conosceva la complessa personalità.

Intanto a Parigi il 27 novembre François Fillon vince le primarie del centro-destra con un netto vantaggio su Juppé. Negli stessi giorni giunge da Juncker un inaspettato ma sempre gradito giudizio positivo sull'"Italia virtuosa, scandaloso voltarle le spalle".

Continuo a rimandare, per poco interesse e molta delusione, il discorso su Trump, quest'uomo con gli occhi piccoli, un po' all'insù, una bocca minuta sotto la grande zazzera, di una tintura così evidente che mai fu vista. Desidero invece addentrarmi con calma e cautela a descrivere quello che ho già avuto occasione di chiamare lo Zar.

Non è un interesse morboso, ma penso veramente che Vladimir Putin diventerà importante e utile per l'Europa e, nonostante le apparenze, sia più legato a questo continente che all'America di Trump.

Mi è giunta inoltre notizia che il Prof. Sergio Romano, che fu mio docente di Diritto privato all'Università di Torino, ha scritto un libro controcorrente. Non ho ancora avuto l'occasione di averlo tra le mani, cosa che mi affretterò a fare. Perché quando tesso le lodi del "Russo", mi sento spesso isolata.

Ma sin d'ora, posso immaginare conoscendo l'autore, che abbia ripercorso alcune vicende recenti della storia sovietica e russa, fino alla crisi in Ucraina e allo scontro con la Nato, guardando alla Russia con due speciali lenti d'ingrandimento, la sua, attenta e vigile alle vicende storiche, insieme a quella acritica dell'Occidente.

Putin è stato scelto da Boris Eltsin "Corvo bianco" che lo nominò primo ministro della Federazione Russa (9 agosto 1999). Eltsin morì il 23 aprile 2007 a seguito di uno dei suoi numerosi infarti. Alla morte di Eltsin, Gorbaciov rese visita alla salma, mentre Putin presenziò alle esequie e la bara fu accompagnata al cimitero da un drappello militare in alta uniforme.

Eltsin amava definirsi un "ateo ortodosso". La Chiesa moscovita dimenticò la prima parte della sua auto-definizione e non esitò a impadronirsi della seconda.

In questo nuovo ambiente Putin ha rafforzato il ruolo della Chiesa Ortodossa e ha "recitato" con apparente convinzione il ruolo del "Russo devoto".

Putin è presente non solo alle grandi cerimonie, ma si reca anche nelle chiese periferiche, bacia la Croce, si confessa e si comunica con frequenza. Tutto questo non è commedia. Sembra addirittura che come molti reggenti del passato abbia un Padre spirituale personale, il vescovo Tíjon Shevkunov, rettore del prestigioso seminario teologico del monastero Sretensky di Mosca.

E in questa decisione di ritornare alla Grande Russia, Putin sta stupendo gli osservatori occidentali per il suo ostinato appropriarsi di simboli e valori della vecchia Russia. Per esempio la nuova guardia civile russa alle dirette dipendenze del Presidente, ha un precedente storico antichissimo nell'*opricnina* e nella milizia degli *opricniki*, una truppa scelta che aveva il dovere di obbedire fedelmente allo Zar. Lo stile di Putin è antico come quello del Terribile.

Vi sono invero tante ombre sulla Presidenza Putin, le origini di un sistema politico forgiato sul KGB, ma devono essere riviste e comprese nell'orizzonte della guerra al terrorismo e in particolare al problema ceceno.

Putin non ha torto quando giustamente afferma che il terrorismo islamico ha colpito la Russia proporzionalmente di più di quanto abbia colpito l'Europa.

Ma sulle vicende russe, nelle valutazioni europee e USA, pesa sempre l'inconfessabile convinzione che la Russia sia condannata dalla propria storia e cultura a vivere orrori maggiori di quelli sofferti dai Paesi "civili" dell'Occidente.

Si dice "lo Zar Putin spezza l'embargo con il cavallo di Troia della cultura". Effettivamente in Occidente c'è uno blocco economico massiccio nei confronti della Russia, un embargo riservato non solamente alle merci, agli scambi commerciali, ma che comprende anche le persone, in particolare il divieto ai politici russi di accedere e intraprendere relazioni con gli altri paesi europei.

Il caso più clamoroso è stato il veto di François Hollande proprio a Vladimir Putin lo scorso 19 ottobre, quando il leader russo ha dovuto rinunciare alla sua visita a Parigi, organizzata da molto tempo, per l'apertura di una nuova chiesa ortodossa. È stato un caso rilevante, indubbiamente clamoroso, che ha irritato il presidente russo. Ma il segnale del governo francese era un avviso volto ad arginare l'irresistibile iniziativa russa in Siria. Le duplicità di Putin che sempre segnano i comportamenti di quest'uomo non devono essere sottovalutate.

Culturalmente il mondo ha assistito allo straordinario concerto a Palmira, nel teatro delle esecuzioni dell'ISIS, concerto condotto dal grande direttore Valerij Abisalovič

Gergiev con l'Orchestra russa del teatro Mariinskij di San Pietroburgo.

In questo momento a Parigi il mondo e immaginario russo attira il grande pubblico grazie a Esposizioni (Centre Pompidou, Kollektsia) e concerti, dal balletto classico al revival bielorusso e moscovita, a rassegne cinematografiche (essenzialmente sui film sovietici di guerra).

Inoltre in Francia persone di grande prestigio, il principe Alexander Trubetskoy, la contessa Colette Tolstoj, l'artista Mihail Chemiakin (amico del direttore d'orchestra Gergiev) riconoscono a Putin di essersi impegnato per salvare la memoria e il valore della "russità" a Parigi: il Cimitero di Sainte-Geneviève-des-Bois, dove si trovano sepolti molti russi bianchi (e il grande regista Andrej Arsen'evič Tarkovskij) è stato salvato da un intervento privato di Putin.

Vicino alla capitale francese, a Courbevoie, non lontano dal quartiere La Défense, è conservata la memoria dei cosacchi nel "Musée des régiments de Cosaques de la Garde impériale et du passé militaire russe".

Forte è il legame di Putin con la grande storia russa. Recentemente è stata innalzato nel cuore di Mosca, a due passi dal Cremlino, un monumento alto 16 metri e raffigurante il principe di Kiev, Vladimir I. Vladimir I, il Santo, era di origini pagane, tuttavia nel 988 si convertì al cristianesimo ortodosso e ne fece religione di stato convertendo a sua volta la barbara Russia.

Studiosi attenti hanno avanzato l'ipotesi che forse all'origine dell'autoritarismo di Putin ci sia la pessima immagine che la democrazia occidentale, in gran parte, sta dando di sé stessa. Vi sono segnali recenti di un Putin più umano, più propenso e disposto a fare un passo di riavvicinamento che sarebbe di sollievo e cauta speranza. Siamo stupiti che in occasione dei funerali di Fidel Castro, amico di Putin, lo stesso Putin come d'altronde Obama non si presenteranno né all'Avana né a Santiago. È un segnale chiaro e positivo, anche se per Putin abbastanza contraddittorio. Ora un fatto non di particolare risonanza ma significativo: il signor Sergio Zanotti, italiano, ostaggio dell'Isis da 7 mesi in Siria, implora aiuto. Ed è un sito russo, Newsfront, a interessarsene e a pubblicarne l'appello. Ovviamente ora sarà la nostra Farnesina a seguirne il caso. Comunque si vede sia un evolversi della politica mondiale che mostra una certa apertura verso Putin sia il desiderio palese dello stesso presidente russo di avvicinarsi all'opinione pubblica occidentale.

Alla "La Stampa" di Torino è giunta una lettera di Putin, pubblicata il 27 novembre 2016. Putin chiede un coinvolgimento maggiore della Russia nella risoluzione dei conflitti internazionali: "è giunto il tempo di fidarsi della Russia e far fronte comune contro il terrore. La Nato non s'è adeguata alla nuova realtà, non si registra nessun effettivo adattamento. Mentre l'OSCE, meccanismo cruciale per garantire la sicurezza comune europea e transatlantica, ormai gira a vuoto".
Quindi cerca di rassicurare l'Occidente sulle reali intenzioni della Russia: "si riproduce continuamente il cliché delle minacce immaginarie e fittizie, come la famigerata minaccia militare russa. Ovviamente può essere conveniente rappresentare sé stessi come difensori della civiltà contro chissà quali nuovi barbari. Ma il fatto è che la Russia non ha nessuna intenzione di attaccare chicchessia. Un altro

problema immaginario, quello dell'isteria che gli Usa hanno montato sulle supposte interferenze della Russia nelle elezioni presidenziali degli Stati Uniti. Gli Stati Uniti a quanto pare hanno molti problemi reali e urgenti, dall'enorme debito pubblico all'incremento dei casi di utilizzo delle armi da fuoco, dagli interventi arbitrari commessi dalla polizia. E allora, in parte per distrarre l'attenzione pubblica, si parla di hacker, spie, agenti e così via, mandati dalla Russia. Siamo onesti, davvero qualcuno pensa seriamente che si possa in qualche modo influenzare le scelte di un grande popolo come quello americano? L'America è una grande potenza, non una specie di repubblica delle banane".

Prosegue Putin sul tema del terrorismo: "Inoltre gli appelli della Russia per una lotta comune al terrorismo vengono ignorati. E per di più i gruppi terroristici continuano ad essere armati, riforniti, sostenuti ed addestrati nella speranza di poterli utilizzare ancora una volta per finalità politiche personali. Si tratta di un gioco molto pericoloso".

Quindi Putin conclude: "Non abbiamo dubbi che la sovranità sia il principio cardine dell'intero sistema di relazioni internazionali. Il suo rispetto e il suo consolidamento sono la chiave della pace e della stabilità a livello nazionale e internazionale. Ci sono molti paesi che come la Russia possono contare su una storia millenaria e noi abbiamo imparato ad apprezzare la nostra identità, libertà e indipendenza. Ma non aspiriamo né al dominio globale né all'espansione e lo scontro con nessuno. È la nostra visione, la vera leadership non consiste nell'inventare minacce fittizie, sfruttandole per sottomettere gli altri, ma nell'individuare i veri problemi, collaborare e unire gli sforzi degli Stati per risolverli. Questo è esattamente il modo in cui la Russia concepisce oggi il suo ruolo nell'arena mondiale".

C'è anche chi dice che l'autoritarismo di Putin abbia una forma ipnotica. Queste sono parole di Vladimir Putin. Sta a noi prenderne atto con buona disposizione d'animo. Perché per una volta non concedergli fiducia? I tempi sono davvero maturi per avvenimenti epocali, per mutamenti inattesi. Rimane certa un'antica verità: uno stato d'animo positivo e fiducioso aiuterà lo svolgersi degli avvenimenti. È stato doveroso, da parte della stampa di informazione italiana, pubblicare la missiva di Vladimir Putin.

Frattanto il presidente francese François Hollande ha annunciato che non si presenterà alle prossime elezioni e saranno Francois Fillon e Marine Le Pen a sfidarsi in primavera nel ballottaggio decisivo per l'Eliseo. I pronostici sono sempre inutili. Comunque Fillon riscuote fiducia e simpatia.

Viviamo in un periodo di dubbi e povero d'entusiasmi. Noi italiani, a pochi giorni dal referendum, respiriamo un'atmosfera ormai intollerabile, per non dire che non abbiamo più respiro. In Germania, dove Angela Merkel s'è ricandidata per il quarto mandato, raggiungendo in caso di vittoria i 16 anni di governo, incontriamo i soliti dubbi che un periodo al potere così lungo possa sembrare una monarchia. Qualcuno ha definito la Merkel "debole, esausta". Certo che da un elemento come Frauke Petry (Alternativa per la Germania) non potevano certo arrivare considerazioni positive. Tutto è così prematuro. Fillon dovrebbe battere Marine Le Pen ma si deve aspettare la primavera. Comunque, come già detto, quello che preoccupa (è un tempo in cui sembra che tutti cerchino l'ansia e la preoccupazione) è la possibile futura convivenza fra la moderata Merkel e l'uomo forte Fillon. Ebbene, anche la Merkel è una donna forte. Sarà una bella convivenza la loro, ai vertici di Parigi e Berlino. Un duello al fioretto intelligente e fertile.

È da augurarsi di vedere una simile coppia alla guida dell'Europa. Quando era premier, Fillon regalò alla Merkel un'edizione rara di un libro di Marie Curie che oggi è in mostra alla Cancelleria di Berlino. Sono cortesie che la leader tedesca, donna squisita, non dimentica.

Nel 2018 sarà la volta di Putin a essere di nuovo candidato alle elezioni presidenziali. Come tutti gli autocrati è impossibile che Putin si ritiri. Metterebbe davvero in gioco la sua stessa sicurezza personale. Il suo istinto d'autoconservazione è fortissimo. Putin pensa di essere mandato da Dio per fermare lo sfacelo della Russia. È convinto che il suo destino e quello della Russia siano una cosa sola. Davvero in questo senso non ha contraddizioni.

Dopo mesi d'ansia, comizi, scontri verbali in toni esasperati, abbiamo alla mezzanotte del 4 dicembre il prevedibile risultato: il Sì con il 40% e il No al 60%. Oggi pomeriggio Renzi salirà al Quirinale dal presidente Mattarella per dare le sue dimissioni. Non possiamo che aspettare. Assisteremo a un passaggio delle consegne. Non saranno momenti facili. Ma saranno superati. Una parentesi che sarà forse per l'Italia un periodo problematico, difficile.

In Austria vittoria di Alexander Van der Bellen. "Sascha", 72 anni, è il nuovo presidente austriaco. Professore emerito di

Economia all'Università di Vienna, è stato portavoce dei verdi austriaci negli anni 90 e 2000.

Con lui ha vinto un Austria che desidera mantenere saldo il legame con l'Europa. Ha battuto Norbert Hofer, campione del FPÖ (Freiheitliche Partei Österreichs).

Il partito di estrema destra fino alla vigilia s'era dimostrato sicuro di poter prevalere. Hofer ha infine ammesso la sconfitta e s'è detto estremamente triste. Di Sascha, eroe per caso, ribelle antisistema, il leader saggio, ne riparleremo dopo la bufera italiana, speriamo breve.

Sascha Van der Bellen

A sfidarsi in primavera per le presidenziali in Francia oltre a Francois Fillon e alla Marine Le Pen ci sarà anche il candidato della sinistra, probabilmente il ministro Valls.

Intanto, in attesa che si plachino le onde scatenate dal nostro referendum costituzionale (lo sconquasso non sarà né breve né lieve ma certamente s'arriverà a una qualsivoglia soluzione) guardiamo al cuore della nostra tanto travagliata Europa: la Germania.

Il 6 dicembre 2016 Angela Merkel al congresso della sua CDU ad Essen ha tenuto il discorso forse più forte, più convincente e coinvolgente, più centrista della sua carriera e ha raccolto applausi e un'ovazione finale. È irrilevante che a favore della Merkel abbia votato il 89,5% del quasi 1000 delegati al congresso mentre due anni fa quando era stata rieletta presidente della CDU aveva raggiunto il 94,6 %. Ma il suo intervento è stato accolto con sincero entusiasmo, su 77 minuti di discorso è stata interrotta 81 volte da un applauso e l'orazione finale è durata più di 11 minuti. Più che nel 2014. "Il mondo va meglio se l'Europa va meglio e a prima della globalizzazione non si torna". Ai militanti del CDU ha detto: "Voi dovete, dovete, dovete aiutarmi!".

Per i migranti ha espresso il solito rispetto, la solita apertura, ma con alcune precisazioni: chi ha diritto all'asilo resterà in Germania, fino a che non gli sarà possibile tornare. Gli altri migranti saranno in genere respinti o rimpatriati: ogni caso verrà tuttavia verificato singolarmente. Le culture dei popoli saranno rispettate, ma quella tedesca rimarrà il cuore della Germania. Il velo che copre l'intero corpo dovrebbe essere vietato laddove legalmente possibile: non ci appartiene. Ha poi delineato le politiche economiche e sociali per la famiglia, la scuola, la ricerca e le imprese, con una forte enfasi sull'importanza della digitalizzazione. Ha dato poco spazio, non ha apertamente attaccato AFD.

Riguardo la politica internazionale ha difeso con forza la liberalizzazione del commercio e ha attaccato la Russia per il "vergognoso" appoggio al regime siriano di Assad. Preoccupante, ha detto, che per le strade tedesche ci fossero 100000 persone contro l'accordo commerciale transatlantico

TTIP e nessuno in difesa di Aleppo.

Che signora donna, la Merkel! In Europa abbiamo fortunatamente ancora lei e non solo. Mi viene in mente un paese relativamente piccolo se confrontato alla Germania, la Scozia, la cui Premier, la signora Nicola Sturgeon, ha sempre combattuto le imposizioni del nuovo governo britannico.

È venuto alla luce un documento segreto da cui trapela come Londra non abbia un piano per la Brexit. Secondo un memorandum svelato da *BBC* e *The Times*, il Regno Unito non ha tuttora una strategia per lasciare Unione Europea e sarà difficile trovare un accordo nei prossimi sei mesi a causa delle divisioni all'interno del governo di Theresa May.

Il documento che si intitola "Brexit update" è stato redatto da un consulente e spiega che prevedibilmente gli attori principali dell'industria arriveranno "a puntare una pistola alla testa del Governo".

La signora May ha cantato vittoria troppo in fretta, illudendosi che la benevolenza di Trump abbia più peso di un senso sempre più diffuso di scontento nazionale nei suoi confronti.

L'ex premier Tony Blair ha avuto modo di notare che sulla Brexit sarebbe ancora possibile fare marcia indietro perché tante persone che hanno votato per la Brexit sperando in benefici che non si sono verificati potrebbero cambiare idea. Guardate alle condizioni del sistema sanitario inglese, oggi sono pessime. Eppure il governo non mette alcuna energia nel migliorarle. È completamente assorbito nel mantenere il potere arrivato con la Brexit. E il nervosismo, non è più Tony Blair ad esprimersi, che attualmente regna nel governo inglese è palpabile.

In questi giorni è stata approvata in Gran Bretagna il "Investigatory Powers Act", la legge sulla sorveglianza digitale, provvedimento che in nome della lotta al terrorismo dà al governo il diritto di spiare i suoi cittadini, mettendo così fine non solo alla loro privacy, ma minando il loro diritto alla libertà d'espressione. Parola dell'attivista Silkie Carlo sull'*Independent* ("The Snooper's Charter passed into law this week – say goodbye to your privacy").

È come se non bastasse la May "caccerò i ministri che spifferano, farò scattare misure disciplinari e se necessario imporrò le dimissioni". Fa sorridere che il monito sia apparso sui giornali inglesi rivelando ancora di più le tensioni attuali in seno allo stesso governo. Proprio quando la Corte Suprema è chiamata a decidere se sia richiesto un voto del Parlamento prima di notificare l'articolo 50 del Trattato di Lisbona, prima passo dell'iter di divorzio dalla UE.

Ancora sulla vittoria dei moderati alle presidenziali austriache. Questo esito rinverdice lo spirito europeo e allontana per il momento nuove tensioni in Europa che ha bisogno di tutto meno che di venire ferita da ritorni al passato. Alexander van Bellen, il prescelto, non era un candidato "di bandiera" e ha affrontato il suo rivale Nobert Hofer contando solo sulla credibilità delle sue idee e soprattutto su una visione del mondo attuale. Ogni cenno di europeismo è benvenuto. Dopo che, particolarmente in Italia, non è passato giorno senza che i quotidiani abbiano messo in scena con toni esasperati gli scontri, le chiusure e aperture, gli strappi e le riconciliazioni.

Purtroppo a lungo andare la stampa non è stata ininfluente nella disaffezione crescente dell'opinione pubblica italiana nei confronti del progetto europeo. Eppure negli anni in cui il Partito Comunista divenne europeista il dibattito sull'integrazione europea smise di dividere la società nazionale in due campi contrapposti. Gli italiani erano quasi tutti favorevoli all'integrazione europea e ne dettero la prova con un voto quasi plebiscitario nel referendum su un'ipotesi di una costruzione europea comunitaria che ebbe luogo in coincidenza con le elezioni per il Parlamento di Strasburgo nel 1989. L'88% dei votanti, più di 33 milioni, disse sì al quesito. In seguito forze politiche come la Lega e i 5 stelle hanno cominciato a dipingere l'Europa di Bruxelles e l'Euro come una pericolosa minaccia per la sovranità nazionale e il benessere dei cittadini. Ne è nata una sorta di velenosa, pericolosa guerra civile tra forza tradizionali e forze antisistema. A questo proposito proprio il *The Guardian*, importante giornale di quella Gran Bretagna sempre più ondivaga, ha testimoniato come dopo la Brexit si registri un forte aumento degli "hate crimes" contro gli immigrati. L'ambasciatore di Polonia a Londra ne ha segnalate alla polizia non meno di 30 contro i propri cittadini. Sempre il *The Guardian* ha segnalato che ciò è avvenuto in seguito a una campagna elettorale in cui alcuni gruppi sono stati rappresentati come "parassiti e imbroglioni". Questo stato di cose è inconcepibile, inaccettabile. Cosa fa, come interviene il governo May?

Si può ben dire che nei grandi drammi politici e sociali, i mezzi di informazione recitano una parte simile a quella del coro delle tragedie greche quando commentano e amplificano le sventure dei protagonisti. La situazione presente è aggravata dal populismo dei social network che può ricordare il pubblico delle arene romane quando era chiamato a decidere la sorte dei gladiatori.

Siamo alla fine dell'anno, questo complicatissimo 2016. Dicembre, profumato di feste natalizie, le quali soffiano su un vero mare di guai, di incertezze, di avvenimenti imprevisti.

In Italia il Presidente Mattarella ha preso con calma, preparazione e serietà la situazione in mano. Salvo colpi di scena il ministro Paolo Gentiloni, prima agli Esteri, prenderà il posto di Matteo Renzi. Lo scontento prevedibile, da parte di Lega, 5 stelle e Berlusconi, è stato eclatante e carico di minacce su una rivalsa prossima futura. Di Paolo Gentiloni che da non poco tempo è sulla scena italiana e internazionale, si può dire prevalentemente del bene. E si sbagliano molto coloro che lo fanno ingenuo dietro a quel sorriso gentile. Si vedrà dopo le feste natalizie, in gennaio, quale sarà la situazione nazionale.

Gentiloni

Intanto notizie non del tutto inaspettate arrivano dagli Stati Uniti. Obama, prima del suo addio che avverrà il 20 gennaio, ha lanciato l'ultimo attacco dirompente e documentato contro Trump. La CIA, dopo avere sostenuto genericamente per mesi che hacker stranieri, al servizio della Russia, avevano interferito nelle elezioni americane, passando a Wikileaks materiale imbarazzante rubato al sistema di computer del Comitato Nazionale Democratico e di alcuni dirigenti dello stesso partito, ora conclude che Mosca ha agito nel corso della campagna presidenziale per danneggiare le chance di Hillary Clinton e avvantaggiare Trump. Le fonti informative sono funzionari di alto rango dell'amministrazione Obama.

In parallelo la Casa Bianca ha ordinato alle Agenzie USA della Sicurezza di rivedere per intero quali siano state le interferenze russe sulle elezioni del 2016 e di stilare un rapporto completo prima dell'addio di Obama. Era prevedibile che prima di quella fatidica data si sarebbero verificati fatti volti a mettere in difficoltà Donald Trump. Non mancano comunque in questo contesto contraddizioni. Che l'attuale capo della CIA, nominato dallo stesso Trump, sia Mike Pompeo (si nota, per pura curiosità, che tra tutti gli ultramiliardari scelti da Trump egli sia il più povero in assoluto, con 345000 dollari di reddito...infatti il gruppo di uomini e donne scelti da Trump viene denominato più con ironia che ammirazione il "club dei milionari"). Pompeo è stato eletto proprio all'alba dei primi sentori dello scandalo CIA.

E continuano le contraddizioni (non utili ad ambo i paesi) nei rapporti USA-Russia. Trump in questi giorni avrebbe nominato Rex Wayne Tillerson, AD del colosso petrolifero Exxon, quale suo Segretario di Stato. Il *Wall Street Journal* ricorda che Tillerson è considerato vicino a Putin. Nel 2011 strinse un accordo di cooperazione strategica che prevedeva una cooperazione nell'esplorazione e sfruttamento delle fonti energetiche nel mar Nero e nell'Artico. Tutto saltò poi per le sanzioni inflitte dall'amministrazione Obama in risposta all'annessione nell'aprile del 2014 della Crimea da parte di Mosca. Troppi miliardari, in una grande America dove convive nelle ristrettezze una povertà inestirpabile. E troppi rapporti non pienamente chiariti fra CIA e KGB. Che non giovano all'equilibrio mondiale né a quello di Russia e America. Per quanto Trump ridicolizzi le conclusioni della CIA. Un conflitto simile non s'è mai visto ai vertici dello Stato. Non bastasse il "Donald" ha nominato come segretario quel Tillerson premiato da Putin con l'Ordine dell'Amicizia (un alto onore per uno straniero in Russia). Trump persiste nel minimizzare e delegittimare le dichiarazioni della CIA. E troppo controversa, fondamentalmente inattesa e non così limpida era stata la vittoria di Trump. Manca un mese alla formalizzazione della sua vittoria. La Clinton avrà dato un prezzo alle lacrime versate e le farà pagare (care) con l'aiuto di Obama?

Tillerson

Conclusione

Per alcune ragioni personali, tra cui non ultima lo smarrimento della mia usuale penna rossa, ho sospeso le mie sedute di scrittura. Che riprenderò assolutamente al più presto.

La sola cosa che desidero sentitamente fare è dare il benvenuto all'On. Paolo Gentiloni quale Presidente del Consiglio.

I vaticini che s'accavallano sono innumeri. E non è trascorsa una settimana da quando Gentiloni è stato convocato al Colle dal presidente Mattarella.

Ma che cos'è questo amore per il Caos e per le risse che pervade l'Italia? Gentiloni è un uomo con grande esperienza e conoscenze umane e diplomatiche. E guardatevi dal sottovalutarlo a causa della sua espressione gentile e pacifica. Perché è preparato ed è tutt'altro che ingenuo.

La Merkel, un po' stanca delle dichiarazioni "goliardiche" di Matteo Renzi, guarda con sollievo a questa nomina. Il giudizio della Merkel è capitale. Sicuramente c'è qualcosa nell'Italia attuale di poco onesto e chiaro. E non nasce soltanto per cause interne. Si presume che a causa dell'attuale insoddisfacente crescita del nostro Paese sia preferibile uscire dall'Euro. Ricordiamo che ciò è vagheggiato da Salvini, Grillo e affini, tutte correnti populiste. E si sa come alcuni Paesi stranieri, non di secondaria importanza, abbiano appoggiato queste correnti in fase referendaria e nella loro richiesta che l'Euro debba essere "condannato a morte". "L'Euro, la nostra rovina". Ahimè, sembra che una maledizione abbia colpito il nostro Paese.

Roma: il Campidoglio forse rimpiange Marino (assurdità). La Sindaca Raggi, sempre con un certo sorriso stampato sulle labbra, assiste alle dimissioni della sua Assessora all'Ambiente, Paola Muraro, e subito dopo il suo braccio destro Raffaele Marra (capo del personale al Campidoglio) viene arrestato. Contestualmente Salvatore Romeo si dimette dall'incarico di capo della Segreteria Politica su pressione del Direttorio del Movimento 5 Stelle. Grillo si limita a dire "te l'avevo detto io". Salvini insorge, Berlusconi lo imita.

Ma l'Italia ne ha passate di peggio. "S'udiva, intanto, dalle amate sponde, sommesso e lieve il tripudiar dell'onde. Era un presagio dolce e lusinghiero, il Piave mormorò, non passa lo straniero!".

Dimenticavo Milano. Dove il sindaco Beppe Sala, indagato per falso, dichiara: "Mi autosospendo da Sindaco di Milano". Sarà ascoltato dal Prefetto, Alessandro Marangoni.

E come se non bastasse, il procuratore aggiunto della Repubblica a Milano, Pietro Forno, richiama il Ruby Ter: "Berlusconi va processato, ha corrotto i testimoni". L'ex Premier è accusato di aver corrotto, con 10 milioni di Euro, Ruby e le altre ragazze coinvolte nel processo. E dire che Berlusconi s'era appena ricandidato con tanto scalpore. "Sono in attesa spasmodica di una sentenza di Strasburgo che purtroppo ci mette troppo tempo, tre anni, per esaminare un caso che non riguarda solo un cittadino ma un importante Paese europeo. Sono assolutamente sicuro che metterà in chiaro come non ci sia stata nessuna evasione da parte mia. E quindi io dovrei ritornare nella possibilità di ricandidarmi. In quel caso il centrodestra non avrebbe la necessità di cercare altri leader".

E che dire poi del Monte dei Paschi di Siena e dei laboriosi tentativi per un suo salvataggio. Conoscendo la sua storia (è ritenuta la più antica banca al mondo) sarà sicuramente salvato. Devo dire che quello che succede attualmente alla nostra antichissima banca è vergognosamente un atto di sfiducia da parte dell'Europa.

Non c'è alcuna giustificazione per chiudere con tanta risolutezza la porta. Perché puntare i piedi per terra a fronte della richiesta di Marco Morelli, attuale Amministratore Delegato, di posticipare l'aumento di capitale (di 5 miliardi) dal 31 dicembre al 20 gennaio? Tre settimane in fondo sono nulla. In verità per l'Italia coinvolta in questo caos della politica sono moltissime. Appare evidente in queste ore la rottura tra le esigenze reali dell'economia e le ottuse pretese degli organismi regolatori e di vigilanza.

Comunque, come ho già detto, "Ci si muoverà per salvare l'Antica Nobile Signora" (MPS).

Per molti di noi gli interessi personali hanno da sempre la priorità. Ma è impossibile ignorare quello che ormai è un "inferno" in terra. Dalla Siria migliaia di civili sono scappati in condizioni disumane, su mezzi sia privati che del regime. Il Presidente Bashar Assad in un discorso trionfante parla di momento "epocale" destinato ad aprire un capitolo completamente nuovo nella storia della Siria. Ma giungono presto notizie di convogli, autobus verdi, colpiti dalle stesse milizie di Assad.

È stato giustamente detto che dalla fine della Seconda Guerra Mondiale non s'era mai visto una simile apocalittica distruzione.

Per pura coincidenza mi cade l'occhio su un articolo di Pierluigi Battista (*Corriere della Sera*) che avevo messo da parte e che veramente stringe il cuore. Titolo "L'Isis e la guerra che ci eravamo dimenticati". Ah sì, poi ci sarebbe l'Isis. Ce l'eravamo dimenticati. Così impegnati nelle guerricciole sante attorno ai nostri referendum, tra un appassionante tenzone sull'Italicum e una riflessione italocentrica sugli editoriali dell'*Economist*...beh, ci siamo distratti.

Ci siamo cullati nel vuoto ipnotico delle nostre discussioni, che là fuori, tra morti decapitati, donne violentate e uccise in massa, popoli e fedi perseguitate, tutto si fosse risolto.

Nel disinteresse dell'amico di Putin che presto s'insedierà alla Casa Bianca, Assad, il massacratore in pochi anni di circa 250 mila suoi connazionali, continua il suo bieco gioco.

La Storia, no, non s'è fermata mentre noi stavamo allestendo quella parodia di guerra civile sulle sorti del Cnel.

Piuttosto di preoccuparci tanto dei nostri Raggi, Salvini, Renzi e via dicendo, dovremmo fare sempre attenzione alle pieghe tragiche della Storia, anche quando i morti sono lontani e non nel cuore pulsante delle nostre città. E capire che cosa vogliono quei fanatici scatenati contro il nostro stile di vita "peccaminoso".

E per "pura coincidenza", fra i numerosi ritagli che per ragioni diverse metto da parte (ma di cui certamente non mi dimentico), mi compare l'immagine un po' ridicola e volgare, offuscata da un cuore piccolo e meschino, un po' maschile nel senso negativo, della Signora May, che dà troppe occasioni per non farsi amare, e si pavoneggia in un paio di "orrendi" pantaloni di pelle visceralmente costosi e poco eleganti.

Mi dispiace, amo tanto l'Inghilterra quanto poco quella donna. E certo, la moda qui non è argomento d'interesse. Ma forse è lo specchio che pesca nelle profondità dell'anima. Quale differenza con la Merkel che con la sua schietta giacca rossa sembra illuminare di speranza questa nostra martoriata Europa.

Maria Carla Durand, laureata in Economia e Commercio, negli anni '60 ha lavorato in Lussemburgo per la CECA e ha visto i primi passi di quell'Unione che oggi è così fortemente in discussione. Attualmente vive a Torino.